U0600257

不懂带团队

你就只能自己干

杜梅 ◎ 主编

中国华侨出版社

图书在版编目（CIP）数据

不懂带团队：你就只能自己干 / 杜梅主编. —北京：
中国华侨出版社，2015.1
ISBN 978-7-5113-5143-2

Ⅰ.①不…　Ⅱ.①杜…　Ⅲ.①组织管理学—通俗读物
Ⅳ.①C936-49

中国版本图书馆 CIP 数据核字（2015）第 016075 号

不懂带团队：你就只能自己干

主　　编 / 杜　梅
策　　划 / 周耿茜
责任编辑 / 棠　静
责任校对 / 高晓华
装帧设计 / 顽瞳书衣
经　　销 / 新华书店
开　　本 / 710 毫米 × 1000 毫米　1/16　印张 /16　字数 /200 千字
印　　刷 / 北京毅峰迅捷印刷有限公司
版　　次 / 2015 年 3 月第 1 版　2016 年 3 月第 3 次印刷
书　　号 / ISBN 978-7-5113-5143-2
定　　价 / 30.00 元

中国华侨出版社　北京市朝阳区静安里 26 号通成达大厦 3 层　邮编：100028
法律顾问：陈鹰律师事务所
编辑部：(010) 64443056　64443979
发行部：(010) 64443051　传真：(010) 64439708
网　　址：www.oveaschin.com
E-mail：oveaschin@sina.com

前言
Preface

作为企业的管理者，总会遇到很多让人头疼的问题，如公司的待遇逐步提高，却招不到人，留不住人才；虽然管理者整天忙得不亦乐乎，但员工们却懒懒散散的，没有工作的热情，执行力更差……管理者都希望公司有良好的企业文化，却不知该如何下手，不知不觉公司就会陷入混乱的状态。有些管理者更是手忙脚乱地工作，却不知道什么是经营战略，如何树立品牌，对前途更是一片茫然。

如何才能有效地管理好团队？如何才能提高团队的执行力？团队的核心竞争力又是什么，又如何去提高？当企业遇到风险时如何规避？如何培养员工的执行力、战斗力、忠诚度？管理者如何才能做到既管人又管事？这是我们一直在思考的问题，也是在不断探求的。我们希望通过自己的思考和努力，能让您的困惑得以解答，问题得到解决。

在团队中，企业管理者总是担任着各种职能，其行事作风会直接影响到整个团队乃至公司的工作业绩和效率。管理是一种让别人高效工作的艺术，把工作委派给别人去做。所以，对于管理者来说，授权和监督是左右手。管理者应该摆正自己的位置，时时刻刻配合好上司的工作，团结好下属，凡事以身作则，树立自己的权威，并不断地学习。通过自身的修炼，提高自己管理的能力。管理者要发挥员工的潜能，保持企业的发展与创新，用领先的意识和逆向思维不断提升团队的创新能力，让团队时刻充满着强劲的竞争力。

企业的竞争力，归根到底就是学习力、创新力和影响力的竞争。企业要提高核心竞争力，应建立科学的人才选聘机制。不管在什么时候，人才都是企业面临的重大问题。企业管理人员要善于发现问题，找对人，学会既能管人又能管事，把人才安排在合适的岗位上。善用人才也是管理者成熟的重要标志，管理者不但要学会识人，而且要做到奖罚公平公正，征服人心。要把末尾的员工淘汰掉，激励员工不断地开发自己的潜能，在不断的学习中提高团队的学习力，从而提高企业的竞争力。

"一流的团队必须有一流的团队精神"，有着规范的制度，明确的经营目标及强有力的凝聚力、执行力和战斗力。团队的凝聚力与沟通是分不开的。在如今的新形势下，人性化管理越来越被企业所接受，企业要建设与时俱进、开拓创新的企业文化，并不断进行改进，以增进员工之间的交流。每一个团队的成员都有犯错误的时候，俗话说"玉不琢，不成器"。管理者应该懂得批评的艺术，要沉着、冷静，要换位思考，多为下属着想，适当地给他们个台阶下，让员工在认识到错误的同时，使自身不断地得到提升；同时也会让员工更加信赖管理者，其团队将会变得战无不胜、攻无不克。

在企业日常的运行中，危机总是不可避免的，如果处理不当，就很容易出现"多米诺效应"。这就要求企业管理者时刻保持头脑清醒，不但要做到未雨绸缪，并要站到危机最前方，保持冷静，找准危机根源，当机立断，见招拆招，使企业不仅平安地度过危机，还要从危机中找到发展的机遇，在危机中提高企业的实力。

"成功一定要有方法，失败一定有其原因"，本书列举了大量的案例。案例中有成功的经验，也有失败的教训，通过对这些趣味横生、激动人心或是惨痛、悲愤的故事的认真思考和分析，让你明白他们成功、失败的原因，使你知道成功的管理者应该做什么或避免什么。

让我们来共同思考，找到最切实、最有效的方法。期望你能成为一位优秀的管理者，创建一流的团队。祝愿你的企业在竞争激烈的经济浪潮中永远立于不败之地。

目录
Contents

第一章 你是谁：在团队中你的角色是什么 / 001

在团队中，企业管理者担任何种职能，扮演什么样的角色，直接会使整个团队乃至公司的工作业绩和效率受到影响。一个优秀的管理者，应该脚踏实地完成目标，以身作则，时刻修炼自己，培养准确的决断力，提高管理的能力。

第四章　你要会用权：授权和监督是管理者的左右手 / 087

管理是一种让别人高效工作的艺术，把工作委派给别人去做，是管理者的一个非常重要的职责。对于管理者来说，授权和监督是左右手。要深解"用人不疑，疑人照用"的含义。及时了解员工回馈的信息，不要轻易放走培养出的"将才"。

第五章　你要会用人：将人力作用发挥至最大化 / 109

企业要提高核心竞争力，应建立科学人才选聘机制。对于一个团队来说，管理者的任务就是找对人，并把他们放到对的地方。善用人才也是成熟管理者的标志，所以管理者要学会识人、用人的方法。

第六章 你要会沟通：顺畅的交流让团队运行更高速 / 133

在如今的新形势下，人性化管理越来越被企业所接受。企业要建设与时俱进、开拓创新的企业文化，并不断进行改进，以增进员工之间的交流。管理者要有宽厚包容的心态，不能乱发脾气，及时疏导员工的负面情绪，让企业充满和谐的气氛。

第七章 你要会批评：做好团队管理中的"负强化" / 155

俗话说"玉不琢，不成器"，管理者应该学会有效地批评员工。作为管理者，先不要急着批评，应该换位思考，为下属设身处地地着想，适当地给他们个台阶下。这不但能让员工认识错误，并能接受教训，以利再战。管理者要做到奖罚公平公正，征服人心。

第八章 你要会解危：关键时刻及时有效地规避风险 / 179

企业总是面临着各种危机，危机处理不慎容易出现"多米诺效应"。企业的管理者要保持清醒的头脑，不但要做到未雨绸缪，并要在危机到来之前准确地预见，保持冷静，找准危机的根源，当机立断，见招拆招，不但要平安地战胜危机，还要在危机中找到机遇。

第九章 你要会当副手：成为大老板心目中最得力的人 / 201

在团队中，管理者要摆正自己的位置。时时刻刻配合好上司的
工作，不要在老板面前报怨自己的下属，正确对待上级命令的执行
力。在公司里要有领先的意识、逆向思维，不断提升团队的创新效
果，成为大老板心中最得力的人。

第十章 你要会"升级"：从团队管理者变身公司领导者 / 221

企业的竞争力，归根到底就是学习力、创新力和影响力的竞争，
要通过学习增强企业的核心竞争力。管理者要善于发现问题，知道
如何让员工实现个人价值，懂得管理时间，拓展自己的交际平台。

第一章

你是谁：在团队中你的角色是什么

在团队中，企业管理者担任何种职能，扮演什么样的角色，直接会使整个团队乃至公司的工作业绩和效率受到影响。一个优秀的管理者，应该脚踏实地完成目标，以身作则，时刻修炼自己，培养准确的决断力，提高管理的能力。

如果你拥有一个团队，你的角色是什么

企业管理者在团队中担任何种职能，扮演什么样的角色，会直接影响到整个团队乃至公司的工作业绩表现和效率的提高。在企业中，团队管理者的职责可分为管理性职责和非管理性职责。企业团队管理者应在做好本职工作的同时，也应有效地帮助队员完成团队的既定目标，来推动整个团队业绩的提升。

作为团队领导者，要扮演好自己的角色，首先应该了解下属的想法和追求，了解下属想要实现什么目标，当下属对自己的目标还不明确时，上司应该主动地扮演教练的角色，来帮助下属明确他的目标，只有在此基础上，公司的业绩才能得到不断的提高。在与下属共同协作的过程中，彼此产生信赖，以诚相待，才能增强团队的凝聚力。

有一家大型软件公司的行政总监，虽然私底下员工们经常说他的一些"劣迹"，也就是说在公司里他经常找事，经常说一些让人不要闲着之类的话，但在团队成员之间，每个人的能力都非常强，而且也有很高的自律性，基本已经成了一个非常规范的工作流程。

对此，这位行政总监并没有过于放纵员工，仍然有事无事地给员工找事做。他认为，不断地找一些不是事的事，才能使团队成员

形成紧迫感，永远在主动中去做事情，甚至做一些原本不属于自己范畴的事。一旦形成习惯，他们发现不干活会觉得心里慌张，于是慢慢就养成工作的习惯，使大家的工作更积极主动。但对于员工自己范畴内的事，他不会对他们工作的过程进行干预，他重视的只是结果。

所以一个高明的管理者，他不但要让员工有事做，而且还要把事做好。他知道如何去激发员工的主观能动性，当员工的主观能动性被激发起来时，他就会对其放手，不去干预员工做事的过程，而是只注重结果。对于团队的领导者来说，管理是一门技术，需要你扮演好自己的角色，来创建一支强效率、高素质的团队，否则，你的团队将会面临失败。就像下面这个例子。

某机械制造厂是一家拥有2000多人、年产值约5000万元的中型企业。其管理者李厂长虽然年过五旬，但办事仍然风风火火，每天都要处理厂里的大事小事，从厂里的高层决策、人事安排，到职工的生活起居，应该是无事不管，无事不问。每天人们都可以看到他骑着破旧的自行车，穿梭于厂里厂外。在他看来，他作为一把手，凡事都应该亲自过问，以尽自己应尽的职责。

后来在有关部门的撮合下，厂里决定与一家外国公司合作，由外方提供一流的先进设备，厂里负责生产，经多方努力，合作准备就绪。因为李厂长管理的事太多，终于把自己累倒了。但他还是拖着病体，签订了协议。协议签订后，李厂长本以为可以凭着自己强烈的责任心大干一场，但李厂长的努力没有得到上天的眷顾。随着市场环境的变化，厂里的生产经营状况每况愈下，成本费用急剧上升，效益不断下滑，而他的执行力度却不强劲，制定的规章制度得不到有效的执行，后来使得与外资合作事宜失败。

李厂长失败的教训就告诉我们，作为一个管理者来说，应该明确自己在团队中所扮演的是什么样的角色，不能全盘抓，做事要有主次，分清什么事是重要的，什么事是次要的，只有主次分明，才能更好地发挥管理的效能。团队管理者不但要管理好日常事务，也应使自己的员工信服，上面所说的李厂长就是因为管得太多，使自己的执行力降低，最后让企业处于失败的境地，而自己的心里还觉得很冤。作为管理者如何能扮演好自己的角色呢？

第一，要认清自己的角色。在团队中，管理者要知道自己是冲锋陷阵的前锋，还是运筹帷幄的大帅。管理者有时需要自己承担团队工作中20％甚至更多最核心的工作，并要有效快速地完成。作为管理者，必须要明确自己在团队中的重要职责。

第二，管理者自己要做好表率。管理者应该用自己的一言一行对大家进行引导、带领大家，为团队成员做好表率。

第三，管理者要扮演培训师的角色。在管理的过程中，管理者要不断地提高自己和团队成员的能力和素质，一方面为了更好地把工作完成，另一方面培养大家的学习能力，让大家感觉到，在这样一个团队里，不仅能更好地完成工作，也能让自己有所提高。

第四，管理者应该做到"做在前，管在后"。作为一名管理者，一定要非常熟悉团队的所有工作，如工作方法、工作流程、工作时间及工作中存在的问题，然后根据员工的能力来分配各项任务，确定完成的时间，制定考核的指标，并从中起到监督作用。一名好的管理者永远都要"做在前，管在后"，直到问题得以解决。管理者也就做到了规范化的榜样，有利于刺激下属提高自己的工作效率。

不同的企业，不同的团队，不同的岗位，管理问题总是因人而异的。当我们发现一个团队有问题时，应该先看管理岗位的角色和定位是否清晰有效，再去对团队进行提高和改善。

脚踏实地完成目标，不要好高骛远

作为一个企业的管理者，不但要学会做人，也要学会做事，做人要踏踏实实，做事要认认真真。那种只会做表面文章，只说不做，从不贴近事件，只会根据原则进行管理的人，是根本无法得到提拔和重用的。

中高层管理者要具备自我提高的能力，以很快地适应企业、社会发展的要求，注重业绩实效但不应急功近利。一切要从实际出发，不能好高骛远，要稳抓稳打。

克里丹·斯特是美国一家电子公司非常出名的工程师。这家电子公司规模不大，在日益激烈的市场竞争中，规模较大的比利孚电子公司时刻威胁着它的生存，处境很艰难。有一天，比利孚电子公司的技术部经理邀斯特共进晚餐。在饭桌上，这位部门经理对斯特说："只要你把你们公司最新产品的数据资料给我，我就给你很好的回报，怎么样?"

一向温和的斯特一下子变得愤怒起来："不要再说了！我的公司虽然效益不好，处境艰难，但这种出卖我的良心、见不得人的事我绝对不做。你的任何要求我绝不会答应。""好，好，好。"这位经理不但没有生气，反而颇为欣赏地拍拍斯特的肩膀，"这事儿当我没说过。来，干杯！"

不久，因为经营不善，这家公司破产，斯特失业了。他一时很难找到工作，只好在家里等待机会。没过几天，突然他接到比利孚电子公司总裁的电话，说想见他一面。斯特百思不得其解，不知"老对手"找他有什么事。他带着疑惑来到比利孚公司，让他想不到，比利孚公司总裁热情地接待了他，并且拿出一张非常正规的大红聘书，请斯特做技术部经理。

斯特疑惑地问："你为什么这样相信我?"总裁哈哈一笑，说："原来的部门经理退休了，他向我说起你们曾发生的一件事，并特别推荐你。小伙子，你的技术水平是出了名的，你的正直更让我佩服，所以我很相信你！"斯特这才明白过来。后来，他凭着自己的技术、管理水平和良好的诚信成为了公司里的核心管理者。

对于管理者来说，不管是处于顺境还是逆境，只要有一身过硬的本领和诚实正直的品格，总会得到重用。而这些品格的形成，只有靠脚踏实地地做才能实现。在管理中，如果不去脚踏实地做，不但会让自己陷入失败的境地，也会给整个团队带来危机。宋徽宗赵佶的故事，就是一个很鲜明的例子。

在中国古代封建社会中，或许宋徽宗赵佶是最有才气的皇帝。他对北宋时期的文化、绘画艺术发展都起到很大的推动和倡导作用，诗词歌赋、琴棋书画，无不精通，一生的诗词字画作品无数，并自创了"瘦金体"书法。

他在艺术领域及其他方面都称得上是成绩斐然，但他单单没有做好自己的本职工作。在治理天下方面很失败。他只顾得做别的事，把自己最该做的治理国家的头等大事交给蔡京、童贯等祸国奸臣，导致朝野上下穷奢极欲，大肆兴建楼台殿阁，滥增捐税，以致国家处在危机中。

外有金兵入侵，内有起义不断，宋江、晁盖、方腊都是此时出现的乱世豪杰，而京城却是一片歌舞升平，赵佶当然不知道自己的江山社稷已经朝不保夕。宣和七年，金兵南下，赵佶无奈，传位于赵桓，自称太上皇，靖康二年，他被金兵所俘，后死于五国城。

由此我们看得出，管理者在管理中一定要脚踏实地地做事，绝不能好高骛远。当然在文学与艺术方面，赵佶是用心实实在在地做。但对于他来说，维持好国家社稷才是本职工作，而不是搞什么文学艺术。因为他的错误倾向，结果把国家葬送了，自己也死于非命。这是多么惨痛的教训！作为管理者，如何才能脚踏实地地做呢？

第一，要符合规律，确立志向。每个人对自己都有很高、很美、很理想化的人生预期和追求，但是现实却往往把这种美好憧憬化为破碎的梦幻。所以有理想、有志向很好，但一定要从实际出发，符合客观和主观规律。让理想不要成为空想和妄想。如果想标新立异，特立独行，必须要具备理性、前瞻性的思维和战略谋划、超凡的慧眼、对未来进行预知等超凡能力。如果不具备这些条件，你的志向也只不过是南柯一梦。当理想和现实相违时，应该先冷静下来，用卧薪尝胆的心态，心平气和地做自己力所能及的事，先求得生存，再图谋发展。

第二，扎扎实实做小事。一个有志向的人，应该善于从小事做起，积少成多，才能做成大事。列宁曾说过，我们不要拒绝做小事，大事业是从小事聚集起来的。老子也曾经告诫我们说，天下大事必做于细，从低处开始。从小事做起，不但是对人生的体验，更是对自我的磨炼、品格的升华。不要拒绝做平庸、细小的事情，坚定不移地做好身边的每件事，就是在为实现自己的理想和志向打下坚实的基础。有志向的人，一生的精彩不是做过许多事，而是做好自己该做的事。

作为管理者，既不要好高骛远，也不要妄自菲薄。要坚定自己的信念，坚守自己的志向，踏踏实实地追求自己的目标，要有"咬定青山不放松"的决心。要做一个胸有大志、腹有良谋的管理者，就要扎扎实实地做好小事，矢志不渝做好每一件事，一定能够在人生这张白纸上潇潇洒洒地描绘出绚烂精彩的画卷，成为企业的保驾护航者。

不要和下属争功劳，否则会让你孤军作战

一个内心富有的人，才能抵挡住各种诱惑，控制好自己的欲望。心宁而欲薄，不去强争，所以天下莫能与之相争。对于不争者来说，洒脱的胸怀和坦然的气度才是他最大的追求。

人心不足蛇吞象，一个与下属争功的领导，必然会造成团队的不和谐，而且也会让他陷入孤军作战的境地。只有处理好与下属的关系，做到"要让马儿跑，也给马儿吃草"，做到不与下属争功，才能使人心凝聚，从而打造一个凝聚力强、有战斗力的团队。

有一天，一家公司的总裁在一家餐厅中吃午饭。当饭吃到一半时，他忽然发觉有些熟悉的声音从隔壁的厢房传出，那些人讨论得相当热烈，便忍不住去听一听。他听到他手下的每一位高级主管都得意地谈论着他的部门。

总生产工程师说："没有人能跟我比，对一家公司的成功，贡献最大的是生产部门，如果没有像样的产品，那就等于什么也没有。"

销售经理抢着说："错了，世界上最发好的产品一点用都没有，除非有强大的销售部门把它卖出去。"

主管公司内部及公共关系的副总裁也有意见："如果在公司的内外，你们没有良好的形象，那绝对是惨败的，没有人会向一家他不

信任的公司买产品。"

"我以为你们的观点都太狭窄，"主管人力资源的副总裁展开了攻击，"我们都知道公司的力量在于它的员工。如果没有强有力而且工作热情高的员工，公司很快就陷入停顿。"

四位雄心勃勃的年轻人继续讨论着，都为他们的部门力争。直到总裁吃完午饭，他们仍未结束讨论。总裁离开餐厅时，便到那间厢房门口停下了，他说："诸位，我忍不住听了你们的讨论，很高兴你们能为自己的部门感到自傲。不过我不能不说，经验告诉我，你们没一个说得正确。在任何公司里，没有哪个部门能对公司的成败负责。如果你追究到问题的核心，可能会发现，管理一家成功的公司就像玩特技的人要维持五个球在空中，其中四个球是白的，一个写着'产品'，另一个写着'销售'，第三个写着'企业与公共关系'，第四个是'员工'。除了这四个白球外，最重要的是一个红球，在它的上面写着'利润'。所以不管什么时候，玩特技的人一定要记住，不管发生什么事，绝不能让红球掉到地上。"

这是一个明智的老总，在他听到他的下属们在争功时，他并没有掺和进去，而是在一旁冷眼旁观，直到感觉听不下去了，才通过讲一些道理，让下属们明白，每个部门的职责固然是不可少的，成绩也不能予以否认，但不管什么时候，都要以公司的利润为重。在他的眼里，要的不是功劳，而是利润。

"二战"中，盟军胜利登陆诺曼底之后，最高统帅艾森豪威尔将军发表讲话："我们已经登陆，德军被打败了，这是大家共同努力的结果。我向大家表示祝贺。"

然而，大家后来才知道，艾森豪威尔将军还准备了另外一份面对失败的发言稿：我很悲伤地宣布，我们登陆失败，完全是我个人的决策和指挥失误，我愿意承担所有的责任，并向所有人道歉。

这就是一个成功领导者的胸怀，当面临成功时，他会把成就归功于自己的下属；而当面临失败时，就会勇于承担责任，并尽其所能去挽回。对于一个团队来说，这样的管理者才算是合格的。但如何做到呢？

第一，不要与员工争利。对于上级来说，下属和员工是其获得绩效的伙伴，所以上级要把下属和员工的长远利益与切身利益放在心里。利益应该是有着很广阔的含义，它不只是物质上的东西，更重要的包括员工的成就感、自信心、安全感和发展的机会。要做到：尊重自己的员工就像尊重自己一样，始终保持着一颗平等的心态。在企业的发展过程中，既要考虑到员工的物质利益，也要给予员工精神需求，努力营造各得其所、各尽所能、和谐相处的环境，让员工能有所收获、有所作为、有所成长，能看到希望、看到未来、看到真诚，激发他们的干劲，并在全力以赴的愉快工作中，为企业、团队和自己创造价值。

第二，不要与下级争权。给予下级的授权就应该对下级充分信任，如果总在担心下级做不好，或者担心有"拂其意者"，就容易习惯性地代替下级做决策，甚至将下级的工作包揽下来，使下级形成思想上的惰性和依赖性，从而使找不到工作的感觉而无所适从，也会让下级也得不到体验的机会和发展的空间。而管理者也会因管理的事情太多身心疲惫，对以后的全局谋划也会受到影响。所以由下级完成的事，应该充分放权让他们去做，上级的责任就是要在团队组织运筹中，帮助、提携下级成长，为企业的未来发展带出一支好的队伍。

作为管理者，绝不能与下属争功，尽量做到为其争取表现的机会，不要与下属比专业，也不要为下属在某些方面会超过自己而担心。当下属做出的优秀成绩时，要及时向组织申报。放手能成就一批优秀的下属团队，也会让你成为一个优秀的管理者。

修炼管理者的魅力

对于企业来说，人是企业成败的关键，企业管理最难的就是对人的管理。企业的管理工作主要由两方面组成，一方面是用纪律制度对人的行为进行约束，另一方面则是对人的管理。做好管理工作是企业获得成功的很重要条件，做好管理工作很多时候要取决于管理者的管理魅力。

管理者的人格魅力是位于管理者权力影响之外的，是能使下属信服、敬佩的自然征服力。这就要求管理者必须要以德服人。曾国藩选人有三大原则：选人切勿眼光过高；首选忠义血性之人；德才兼备，以德为本。所以有德的管理者才具有人格魅力，能凝聚更多人才为企业效力。仅靠权力树立起来的威严是不长久的，而靠人格魅力树立起来的威信才会永恒。

在所有的公司 CEO 里面，鲍尔默无疑是极富魅力的一位。尤其是他那极富激情的大嗓门，成为他最醒目的"个人品牌"。

1956 年鲍尔默出生于底特律，18 岁那年，他在哈佛结识一位瘦瘦的红头发同学。由于当时两人对自然科学有浓厚兴趣，就很快成为好朋友。第二年，这位同学从哈佛退学去创业，办了一个名叫"微软"的小公司。这个人就是比尔·盖茨，鲍尔默也加入了微软，成为微软的第 11 名员工。但让其他员工不理解的是，为什么老板比尔·盖茨给鲍尔默那么高的薪水，还有 5％的股份？

但不久，鲍尔默通过事实证明了自己，他用激情、学识为微软的发展起到很大的推动作用。虽然在鲍尔默进入微软时，比尔·盖茨为培养他下了一番功夫，但一旦真正成为微软的一员，鲍尔默就把自己的全部热情奉献给了这家公司。

2000 年，盖茨被垄断案搞得身心疲惫，他决定闭门搞研发，任命鲍尔默接替自己担任微软的 CEO，鲍尔默这才正式从幕后走向前台。他那招牌式的"大嗓门"也更为人所知。

管理者的魅力总是与管理分不开的，鲍尔默如果没有超常的管理魅力是无法得到盖茨赏识的，他用自己的学识和激情推动了微软的发展，同样微软给予他的是信任，将他推到 CEO 的位置。

在海尔建厂初期，张瑞敏就企业发展战略提出一个观点："起步虽晚，起点要高。"从起步晚的劣势中，他看到起点高的有利条件，并给企业清醒地指出一条优生之路，就是创名牌意识，创出中国家电唯一驰名商标，使"海尔"的品牌名震海内外。

1991 年 12 月 20 日，在青岛市委市政府的指示下，青岛电冰箱总厂、青岛电冰柜总厂和青岛空调器厂组建起青岛海尔集团，组建后可能会出现种种弊端，甚至会失败。有人劝他，也有人咒他，说他是"找罪受、下地狱"。他听后淡淡一笑："我不下地狱谁下地狱。"

由于集团给企业从资金、技术特别是管理上输进大量新鲜血液，使得企业起死回生了。1992 年，企业生产销售创下历史最佳的记录。1993 年，海尔工业园集科、工、贸一体，又与德国、意大利、日本等国的客商在海尔工业园合作共建一批项目，高大的脚手架矗立在这片充满希望的土地上，一个实力雄厚的跨国公司就在这里出现。

如果当初没有张瑞敏强有力的管理风格，或许海尔不会创造今天如此辉煌的成就。张瑞敏的个人领导魅力，在国内也是负有很高盛名的。所以一个成功的管理者有着其独特的管理魅力，并在其带领下，将企业推向成功的高峰。作为企业的管理者，如何才能具有强有力的人格魅力呢？

第一，要做到公正无私，一个人为人处世的基本道德准则是公道正派，也是企业管理者必须具备的品质。对上敢于直抒己见，不卑不亢；对下不盛气凌人，乐于礼贤下士；对己敢于承担责任，时刻对自身缺点进行反思。在行使职权的过程中，要实事求是，客观公正，不被个人好恶和利害所左右；掌权但不专权，善于接纳别人的建议和意见；既能让下属在职责范围内独立大胆地开展工作，又能对他们加强监督，对有失公正的行为及时纠正，严厉地批评，做到宽容而不纵容，放手而不放纵。

第二，心胸坦荡，宽厚待人。宽厚待人是管理者必备的素养和美德，整个团队的团结往往会受到管理者内在修养和气度的影响。作为管理者，一定要有容人、容言、容事之雅量，容得下反对自己的人、个性很强的人。对下属偶尔出现的过失与错误要宽容，对下属不同的意见要听得进去，切忌斤斤计较。

第三，要以身作则，要用自己的行为影响下属；有踏实的工作作风、较强的业务能力，对品质追求精益求精，用自己的品格去感化下属。

第四，三商（智商、情商、财商）要高，对利益逻辑关系有准确判断力。在所有逻辑关系中要首推利益逻辑关系，要具有对利益的判断能力，能从他人的角度考虑，形成对团队内部利益关系的清晰认识，并要综观全局，对企业的整个利益有所认识。

第五，具有战略眼光，能够脱离事物本身，看到事物的本质，并具有战略性判断所有组成体之间的利益关系的能力。如果没有战略能力，其所领导的团队就不会有方向。所以企业最高团队领袖一个核心力就是战略能力。

企业管理者应该常常反省自己，对自己的人格魅力进行修炼，具备以德为本，其他品格兼备。只有这样，对于企业的员工来说，管理者才具有强大的感染力、影响力和感召力，这也是企业成功的关键所在。

时刻把以身作则放在第一位

作为管理者，应该对自我首先要有所认识，对自己的角色明确定位，"做事先做人，律人先律己，用人先育人"，始终把以身作则放在第一位。《论语》中讲道："其身正，其令而行；其身不正，虽令不从。"一个管理者要对自己严格要求，才能起到带头表率作用，才能足以服众。即所谓"己欲立而立人，己欲达而达人"

作为管理者，只有做到"律人先律己"，才能让下属对你充满敬畏，愿意跟随你、信赖你，信赖你，就会让你成为整个团队中不可缺少的角色。

王军是某公司的老板。在三年内，他成功地将一个十几个人的小厂经营成一个享誉全国的大企业。他信奉"三不"原则："不乱发脾气、不摆排场、不求全责备"。

他明白只有自己做好每一件事，正确对待工作的态度，才能激发员工更好地工作，让员工们相信，老板不但是自己人，也是员工值得信赖的人。

在公司里，没有复杂的监管体制，没有苛刻的职员检查和复查。更没有等级森严的上下级关系，所有的管理都模糊淡化，却被形成的企业文化所替代。从心里，让员工们确信，自己不是为老板工作，而是为自己工作的；老板也不是过是职工中的一员，只是比大家更辛苦一些。

王军平易近人、和蔼可亲，得到员工的普遍认同，他们上下一心，就在公司遇到材料价格上涨、成品受进口产品打压的艰难时刻，员工也没有抛弃公司而选择离开，而是积极主动地参与到公司的恢复与复兴中，不计报酬地为公司加班加点工作。

对于员工来说，管理者的表率行为具有很强的感染力，也是管理者魅力的最好体现。管理者只有以身作则，才能使员工更信服。王军在工作中以身作则，赢得了员工的心，所以在企业面临危机时，员工也能做到与其荣辱与共。

美国大器晚成的企业家玛丽·凯在榜样激励问题上有着自己独到的见解。她认为，领导的速度就是众人的速度，称职的管理者应该以身作则，所有的管理者都必须对自己的生产线了如指掌。

玛丽·凯对管理者的榜样作用很重视。她非常清楚，管理者作为负责人，其行为受到整个工作部门员工的关注。她说："人们往往模仿经理的工作习惯和修养，而不管其工作习惯和修养是好还是坏。假如一个经理常常迟到，吃完午饭后迟迟不回办公室，打起私人电话来没完没了，不时因喝咖啡而中断工作，一天到晚眼睛总盯着墙上的挂钟，那么他的部下大概也会如法炮制。"

人们常说"榜样的力量是无穷的"，尤其是在企业中，管理者的行为总会影响着员工的行为，好的行为给员工起着示范作用，而坏的行为也会让员工形成不良的作风。企业的管理者应该以身作则，对自己严格要求。管理者如何能做到以身作则呢？

第一，修炼自己的人格魅力，提升个人的影响力。管理者要成为一个道德品行端正、正直、公正、无私的人，要一心为公，时时刻刻注意自己的言行举止，关注员工的情感需求，使自己的影响力不断提升。

第二，要成为学习的榜样。21世纪是学习型社会，学习力等于竞争力，学习力等于生命力。从某种程度上讲，学习的速度等于成功的速度。管理者要带好队伍，学习力必须比员工更强，必须比员工学得更多、更快、更全面。不仅要做好自身的学习，更要带领好、组织好下属学习各类业务知识、操作技能、规章制度，使全员素质全面提升。不断使学习效果提升，提升学习力对管理工作的促进作用。

第三，要成为执行的榜样。管理者要在企业中营造出执行力的文化氛围，自身就要模范执行、严格执行，这对执行力文化的形成具有至关重要的作用。管理者以高度的责任感与紧迫感做好各项工作，就会使企业执行力的提升具有巨大的示范效应与杠杆作用。当管理者以自身的执行力与责任感作为高度，对下属员工全面落实与提升执行力进行要求时，就能使执行力不力的弊病迎刃而解。随着员工执行力的提升，也会使各项工作的开展焕然一新。

制度和文化的推进实施，要求管理者首先积极地行动起来，从自身做起，率先垂范。管理者模范带头的作风对员工的促进作用非常重要。在管理的过程中，要求员工做到的自己首先要做到，要求员工不做的自己坚决也不做。管理者要自觉接受下属与员工的监督，用榜样的力量，给企业带来越来越多的成功。

管理就是既"管人"又"理事"

管理是一种决策，也是一种过程，还对应着一定的结果。管理者要做出正确的决策，就要让下属明白决策的重要性。管理不仅体现在决策上，也体现在管理工作上。管理者不但要理解和尊重人，而且还要协调各种关系。如果在这个问题上管理者模糊不清，就不是一个合格的管理者。

管理对人和事都有个界限，所谓的流程管事、领导管理人就是指此。如果在流程能解决的问题就不要靠人来解决。将个人的知与行、行与果，自己的行与他人的行有机地连接起来，形成一个运作链条、制约链条、责任链条，使企业最终成为一台精密运转的机器，并一直保持着赢利。所以作为一名管理者，不但要管好人，也要管好事。

男厕小便器的"不准确"使用，让厕所卫生管理员苦不堪言。

于是很多人会在厕所的墙上写到"靠近文明、贴近方便"等引导口号，或是"请您靠近前一步，免得弄脏您心爱的裤子和皮鞋"等人性化的温馨提醒，但仍收效甚微。

从人性化的角度来讲，如果靠宣传对某种行为进行制止，其有效性很低，尤其是在隐蔽的生理习性方面，更是收效甚微。一句口号怎么扭转人们长期形成的习惯？如果想让别人十分乐意地接受你的建议，应该让他们感到有好处，人们才愿意合作。如西方有人在小便器中心画了一只苍蝇，在使用时，使用者如果瞄准苍蝇"射击"，就会因击落苍蝇而给使用的男性某种成就感。

这个故事告诉我们，作为管理者不但会管人、管事，而且还要有一定的谋略，采取有效的方法进行管理，就能达到预期的目的，否则就会收效甚微。

可见管理的技巧是多么重要！一个优秀的管理者如何才能做到既管理人，又要管理事呢？

第一，安排工作任务、目标要明确简明。能量化的尽可能量化，不能含含量糊糊，模棱两可。安排工作一般要用"于、用、完、达"四字诀。清楚明白交代该工作于什么时间开始做，或者工作任务于什么时间完成；工作的开展用什么样的方法、方式、设备。在工作的过程中，管理者既要率先垂范带领团队干好工作，但又不能事必躬亲，埋头苦干。要积极稳妥地组织、指挥大家怎么干。当手下工作人员出差错时，要敢于纠正，并帮助承担责任。

第二，对工作要有预见性，学会超前谋划。如果不能预见未来的工作，不会超前谋划，该提前完成留给自己空间的没有提前完成，按部就班地工作，不规定完成时间，不交代任务，当特殊工作安排下来后，就会把常规打乱，显得手忙脚乱，不知所措。那种"病急才找大夫"的做法，必然对完成工作任务造成严重的影响。

第三，管理者心中随时应该装着一个明确的时间表。什么时间干什么，某项工作什么时间开始，任务什么时候完成，要清楚明白，不能有头无尾。重大工作需要挺身而出，要设立倒计时，随时提醒自己各个阶段的工作不能延误。

第四，要善于协调。管理者的工作不是一个人或单个部门就能完成好的，有些需要多个部门或一个团队相互合作才能完成。作为管理者，要善于协调好各个方面的关系，以争取各方面力量的支持与配合。而且大家在一起干活还会心情舒畅，潜力大增。

作为管理者，就是从事管理的工作，不但要管理好人，而且要管理好事。管人就是做人的工作，培养、教育、训练部属，做一名对企业、对家庭、对个人有用的人；管事就是做事的过程中，以身作则，教育、训练、培养下属如何使本职工作做得更好，增长才干，不断地改进工作。所以说做人、做事体现着管理者的基本心态素质、条件与能力。一个优秀的管理者应该是一名既会"管人"又会管事的管理者。

团队管理者首先要做出成绩

　　企业的生存和发展要有两个非常重要的基本条件，其一是要有一个好的产品，其二是要有一支好的员工队伍。如果第一个条件没有问题，人的因素就成为关键。作为一个团队，管理人员起着主导的作用，主导作用发挥好了，就使整个团队变得有活力，员工也会争着为实现公司的目标而努力。

　　管理者都希望有一支高素质的队伍，而员工们更希望自己的管理者在事业上能处处以身作则，是信得过、靠得住的带头人。让员工们感觉有奔头，死心塌地地跟着他。作为管理者，要凭智慧和经验进行，不能单单以命令或指挥服众。只有管理者做出足够能让员工信服的成绩，才能获得员工们的认可，从而更能信服地跟着管理者做好工作。

　　"管理者应该是一个实干家"，陈业宏用这句话来概括自己的管理理念。这位曾帮助佛吉亚中国区在 5 年内实现销售额从 200 万人民币到 1 亿 6000 万欧元飞跃的实干家，于 1998 年 6 月加入佛吉亚，并在短暂的 3 个培训后回国，并把全部的心思花在中国佛吉亚之上。

　　除了建立中国代表处外，在陈业宏的领导下，佛吉亚已经在长春、上海、武汉、无锡等地建立 9 个工厂，平均每年建立一至两个。

这样的速度无疑是惊人的，但同时也经历了一个艰辛过程。

他一度在担任中国总代表的同时还兼任两个工厂的经理，试过在4个月内每天工作16小时，从无到有建起一个工厂，也曾经在两个月内使一家工厂扭亏为盈。随着工厂数量的增加，佛吉亚中国区的客户名单也不断地扩张着，一汽大众、尼桑、上海大众、东风-本田……销售额更是从200万人民币猛增至1亿6000万欧元。

2005年1月1日，佛吉亚总部正式任命陈业宏为佛吉亚中国区总经理，这位"打铁匠"开始站在一个更宏观的角度来思考佛吉亚的中国发展。他认为"知识就是力量"，而这句话里包含着知与"智"，我们应该正确把知识运用到管理中，并转化为力量发挥能量。而管理者恰恰需要运用自己的智慧合理的管理和利用资源，使之发挥能量，并为企业所用。

一个优秀的管理者总是有着了不起的创举，陈业宏没有把自己先置于管理者的角色，而是在管理的同时踏踏实实地干，他所干出的成绩也是骄人的。

Y公司是一家享有盛名的企业，它的管理者C总讲求信用，信守诺言。有一次，该公司的一名员工与家人在饭店用餐，听到附近的饭桌上有人在议论他们公司的领导："Y公司的C总不错，挺正直。有一次我找他办事。办完事后，我给他买了些东西，他一样都没有收，全部给退回来了。"这位员工竟然在外面听到有人对自己的领导如此称赞，敬佩和自豪之情油然而生。

还有一次，领导带领大家一起植树，有一方区域的地质较硬，很难挖，大家都很少去哪里。C总看到后，便过去亲自挖起来。旁边的一位员工看了过意不去，就劝道："C总，您去别处吧，这里太难挖了。"C总却说："在哪里挖都一样。"

管理者并不是一个完全的指挥者，他应该在很大程度上发挥表率的作用，只有管理者自己做了，并做出成绩，才能足以服众，才能把管理的工作做好，作为管理者如何才能做出好的成绩？

第一，管理者要有信。信是为人做事的根本，虽然它无形，却是一种宝贵的财富。作为企业的管理者，一旦失信于员工，所带来的后果，不仅限于人格的下降，更会在管理过程中无法得到员工的认可和支持。

第二，管理者要仁。在管理中处罚人是一种管理的手段，而不是管理的本质。"石可破，但不可夺其坚"，就说明在管理中惩罚员工可能会很容易，但如果让员工心服口服并改正错误却是很不容易。而管理中的仁则更多体现为一种双赢的管理。既让员工赢得利益，也会使管理者赢得威信。

第三，管理者要智勇兼备。勇和智是相辅相成的，所谓的大智大勇就是不畏艰难险阻，进不求名，退不避罪。在管理的过程中，当遇到非议和困境时，管理者需要有不畏艰险阻的勇气，坚定不移地朝着正确的方向前进。在工作中取得成绩时不要贪名利，更不能居功自傲。对工作中遭遇的失败不要推脱责任，通过对自己的反省，勇于承担并坚决改正错误。

管理者要做到严，其一要法令严，如果在管理中没有严格的规章制度，就会使企业没有规矩，纪律必然会松散；其二要赏罚严，在管理中没有严格而明确的赏与罚，也会使法令难以贯彻执行；其三律己严，作为管理者，在企业中无法做到宽以待人，严于律己，就无法服众，无人遵从制度。

对于每个人来说，模仿力是天生的，近朱者赤，近墨者黑。而企业的管理者面对的是广大员工，接触机会多，影响面广。管理者的一举一动都看在员工的眼里。人们都说"大海航行靠舵手"，对于管理者来说，他就是其带领的众人的旗帜、一个风向标。管理者如果追求卓越，志存高远，他所带领的企业团队也必然会发奋图强，勇创辉煌。而办事拖拉、推诿扯皮的管理者，带领的团队也必然是一盘散沙型的队伍。

时刻修炼自己，培养准确的决断力

企业领导的决策力是指企业的管理者快速判断、快速决策、快速反应及快速修正的综合能力。它是企业领导力的主要组成部分。在很多情况下，管理者对稍纵即逝的机会进行把握并及时做出决策，对企业可能起到驱祸避害甚至起死回生的作用。

要做到这一点，要求管理者必须具备临危不惧、处事不惊、随机应变的能力。好的管理者的应变能力使其在顺境中居安思危，不断捕捉到新的信息，遇到困境时能稳住脚，转危为安。这些都是管理者强势决断力的体现。

对戴尔，大家都很熟悉，如果说他的成功有什么秘诀，强势的决策力是他值得称道的。他通过控制竞争革新电脑的销售方式，把其对手引入一场失败的价格战中，而不是对最新的工业时尚进行追求。

他在很年轻时，就打造出一个资产达数十亿美元的公司。年轻的戴尔曾说："实验室里没有这么多人手，那实际上已被证明是一种非常错误的提供产品方式。一个问题的解决需要相当多的技术。"直销的原则让这位业界天才得以成功。

经过市场验证后，他靠牺牲利润来争取市场份额，从而赢得价格战的胜利，并给他带来巨额财富。即便是全球个人计算机业务进入淡季，价格不断下跌，他构建的高效系统仍然获得较好的收益，而他的竞争对手却纷纷遭到重创。

戴尔是一位有些倔强而冷静的学者。他的成功在于能避免对手所犯的错误，并强势决断，力排众议，把工作集中精力放在第一时间做好。在整个发展史上，戴尔公司只收购一家公司。而 2001 年戴尔被《财富》杂志评为排行第 15 位的最富有人。他用自己的事业生涯证明自己是做得好、笑到最后的人。戴尔的成功说明强势决策的作用。如果戴尔没有自己发展的方向，只是盲目跟风，或许他不可能取得今天的成功。

从戴尔的成功经历可以看到决断力对于一个管理者的重要性。而今天许多企业往往缺乏这种强势的决断能力，使企业发展止步不前，或是陷入困境，所以对于管理者来说，应该积极地培养这种决断力。

虽然 GE 公司（通用电气公司）和美国海军陆战队分属于两个截然不同的领域，却有许多惊人的相似之处：市场价值不断走高；战绩辉煌卓著；受人尊重和敬仰；再就是将"激励、精力、决断力和执行力"纳入人才的指标中。

在引进和考察管理者时，GE 公司坚持 4E 原则，不仅对管理者强调必须具有旺盛的精力，还要求有鼓舞和感召他人共同实现目标的激励机制以及快速、准确分析和判断事物，做出合理决策的决断力，更重要的是，还需要具备超凡的执行力。

执行力的前提是旺盛的精力，是完成任务必不可少的条件，也是完美执行者必备的素质。凡成功人士体格即便不一定英武高大，但却有着极其饱满旺盛的精力。他们像不知辛苦、不知疲倦的"铁人"，浑身上下似乎有使不完的劲，散发着火一般的工作激情。每天承载着巨大的心理和工作负荷，依然保持着昂扬斗志，即便每天工作 16 小时，依然会目光炯炯有神。

正是旺盛充沛的精力，让他们行动果敢、思维敏捷，不管在困境还是直面挑战时，都会表现得英勇无畏，并发挥出创造性张力以攻克难关，激励他们发挥出最佳水平，高质量、高效率地完成任务。作为优秀的管理者，如何才能培养自己准确的决断力？

第一，决断前要做好五个问答，以免决断的失误。一是要问做"何事"，回答好这个问题，就能使决断的目标变得清楚；二是要问

"为何"，回答好这个问题，就能使决断的价值、决断的方向、决断的目的凸显出来；三是要问"何人"，回答好这个问题，就可以明确应该由谁进行决断，由负责的人是谁，谁去执行，由谁监督；四是要问"何时"，回答好这个问题，可以强化决断的时效性，以提升决断的质量；五是要问"何处"，回答好这个问题，可以使决断的环境、地点进一步界定，就与成功相隔不远了。

第二，决断时要打开选择的空间。打开选择空间需要开阔思维和创新的观念。而且决断的质量与选择的空间是密切相关的，选择的空间越大，就会使决断的质量越高；反之，选择的空间越小，则使决断的质量越低。

第三，决断时要排出标准的顺序。选择是决断的重点，而选择是有标准的，应该按照重要性排出第一标准、第二标准以及一般标准。在决断时要兼顾多个标准，当多个标准有冲突时，首先考虑的应该是第一标准，其次是第二标准，最后是一般标准。

第四，决断时要借助"外脑"。在知识经济时代的今天，只依靠决断者的头脑已经不够用，借助"外脑"已成为大势所趋。通过"外脑"的智力，使企业管理者、决策者有效地提高决断力。

在如今竞争日益激烈的知识经济时代，一个瞻前顾后、优柔寡断、行动迟缓的人，根本不可能管理好一个好的企业，更谈不上打胜仗；而一个武断盲从、只有匹夫之勇的人，同样也会在竞争中失败。只有准确判断、快速决断、行动果敢的管理者，才能把握好机时，从而使企业大步跨入成功的行列。

第二章
你要会激励：让你的员工对工作积极主动

要使企业保持发展与创新，员工的潜能应得到有效的发挥。管理者要不断提升认识人才的水平，准确找到员工的需求，以诚信树立自己的权威。利益分配要合理，以工作业绩作为提拔员工的标准，用激励的手段激发员工的潜能，从而为企业带来更多的效益。

让团队成员在工作中感到快乐，才有源源不断的动力

在管理越来越科学化的今天，大多数企业管理者认识到，员工不快乐的企业多数都会止步不前甚至倒退，而企业却能在宽松环境下蓬勃发展。企业的发展与员工快乐的指数成正比，员工快乐指数越高，企业就越有活力。所以作为精明的管理者，必须要学会如何增加"员工快乐指数"，使员工在快乐工作中成为企业发展的源泉、不竭的动力。

最佳的工作效率来自于高涨的工作热情。一个对无作兴趣淡薄的人是不会全身心地投入工作中的，更谈不上取得好的工作效绩。人们只有在兴致勃勃的兴趣中，才会更好地将创造力和想象力发挥好，并能在短时间内取得惊人的成绩。企业应该做到让每个员工感觉到命运掌握在自己的手中，充分发挥自己的能力并实现自己的价值，由此激发的劳动热情才是无穷尽的。

在松下，公司特意制定了"三会"制度，即朝会、恳谈会和信息员例会。朝会每天召开，会议内容五花八门，气氛宽松愉快，时间长短不一，让员工一天都精神饱满。恳谈会每月一次，让员工聚餐唱歌，相互增加了解，娱乐放松，舒缓心情。信息员例会也是每月一次，是专门让职工发泄情绪的，从薪酬到住宿条件，从领导到

同事，有什么牢骚不满，都可以拿出来说。会后，信息员会把问题直接反映到相关的部门，或者放到副总案头，而且在规定的时间内，对方必须做出满意的答复。

松下公司还推行"透明化经营"。每次的公司业绩有了新的突破，高层领导会议一结束，回到办公室的科长就会把这好消息尽快地告知广大职工，以鼓舞士气。

正因为人性化的管理使松下公司一直保持着向上的活力，成为跨国的公司。企业的每一步成长都离不开人，也只有让人们在工作中感到快乐，才会为企业注入更强、更新鲜的活力。

联邦快递中国区总裁陈嘉良说："将心比心，公司对员工好，员工就会对公司好。这是一个很简单的道理。员工水平提高，客户才会满意，公司才能得到利润。如果利润能转化为对员工的再投资，就会形成一个良性循环。"

联邦快递在激励员工方面有很多绝招，除了表彰优秀员工，每年全球评选一次五星奖。每年送出 5 万多封感谢信外，最为独到的地方就是用优秀员工孩子的名字来给公司的飞机命名。试想，当公司有一架和自己子女名字一样的飞机每天在航线上穿梭忙碌，员工还吝啬他的智慧和心血吗？

联邦快递的管理者们很明智，他们不仅意识到员工快乐地工作会形成一个良性循环，他们还以独特的方式对员工进行激励，让员工以更高涨的激情投入工作。作为管理者，如何才能让员工们在工作中找到快乐呢？

第一，要营造积极的工作环境。积极的工作环境因素主要包括两种，即物质因素与精神因素。物质因素指满足员工生理与安全需要的一系列因素，如工作条件、基本工资与工作设备等；精神因素指领导者的个人因素、工作氛围与工作制度。

第二，管理者要培养员工积极的工作动机。良好的工作动机会让员工意识到工作的意义，提高员工的认识水平，使其对工作本身形成较高的价值判断。管理者要根据工作的要求和组织的发展，对员工进行有针对性的培训。有计划的培训不但使员工的工作能力提高，而且还能让员工从中感到企业的重视和关怀。要不断地发掘员工的潜能，从而帮助员工维持积极的人格，当外界环境不断发展时，可以通过有效的自我调节让员工保持积极的心态。

第三，培养员工积极参与的情感体验。工作的内容、过程和结果，都能让他们从中获得积极的情感体验。这种情感体验使员工在工作中产生积极的情绪，在结果中体验到自我价值，得到现实的价值感，从而获得快乐。这样的积极情感体验，一方面会使企业的创新精神得以提升，企业的活力也会大大增强，更具有竞争力；另一方面，可以帮助员工更深刻地体验积极情感，不仅使思想与行为得以拓延，而且对情感体验本身也有一种拓延的功能。

第四，要重视员工的健康。员工离职率很低的公司有一个共同的特点就是，管理者认为员工的身体健康是企业生产力的保证。保证健康不仅体现在身体上，精神健康也很重要。当管理者发现员工开始对工作有厌倦情绪时，可以适当地设置一个放松的时间，或是大家一起聚餐，或是组织出游。

企业管理者必须要对为你服务的员工充满爱心，适时给员工赞扬，不时地鼓舞员工的士气。当员工做出成绩时，要向员工及时、公开地表示感谢，时常组织一些联欢活动，让员工分享成功的喜悦，努力把企业构建成一个和睦、奋进的"大家庭"。

员工有能力却不努力，你要为他们加把劲

在企业的运行中，员工的能力是指其胜任某一项工作的能力，如果要做好工作，就必须具备所需要的技能，否则就不会把工作做好。而说起能力，自然就能想到与之相关的潜能。潜能是尚未被开发出来的能力。一般人只有 3％的潜能被开发出来，而开发出 4％应该是天才，即便是超级天才爱因斯坦，也只开发出 5％的潜力，所以说，人的潜力是无穷无尽的。

对于一个企业来说，要想保持发展与创新，应该使员工的潜能得到有效的发挥。如果用冰山来比喻人的潜能，它有 90％都是沉在水面之下未被开发出来，而漂浮在水面上的 10％才是展现出的各种能力。管理者如果善于对员工的潜能进行挖掘，就会使工作绩效得到有效的提升，从而提高企业的创新能力，减少企业烦冗数量，为企业造就更加良好的文化氛围。所以，对于一个企业的成长与发展，

员工潜能的发挥起着至关重要的作用。尤其是在企业注重人本管理的今天，这个话题无疑具有更加重要的地位。

某公司推出面向每个员工的职业生涯规划。起步期的年轻员工，通过一段时间直观感受后，对现有的工作环境不满意，或觉得现有岗位不能使其个人才能得以充分发挥，可以不经过主管领导，直接向集团分管人事的最高权力机构人事部门提出相关要求。人事部负责在一个月内给予满意答复。

当新员工刚进企业接受入厂教育时，先对其职业生涯设计进行教育，会安排5～10天的职业生涯规划。请专业讲师讲职业生涯规划的重要性和规划的要点，包括选择职业生涯道路、个人成长与组织发展的关系、系统学习与终身学习的必要性，以及如何根据自己的兴趣和特长对自己的人生进行规划等。使员工一进企业就能产生强烈的意识，找准方向、找准位置，尽快知道"我该在哪里"、"我该怎么样往前走"。

对于刚入职的新员工来说，企业先要将其领入正途。当员工摆正自己的位置后，作为企业的管理者来说，就要起到引导者的作用。当员工不努力时，管理者应该多进行督促，挖掘员工的潜力，充分发挥员工的潜能。

DELL公司（戴尔公司）对员工的培训采取"太太式的培训"。他们把销售经理比喻为销售新人的"太太"，销售经理像太太一样不断地在新人耳边鼓励、唠叨。只有这样，才能让新人形成长期的良好销售习惯，从而让销售培训最终发挥到作用。

　　培训由培训经理和销售经理一起完成，销售新人不仅要向销售经理汇报，同时也要向培训经理汇报。培训经理承担技能培训和考核职能、跟踪职能的责任。他们用邮件形式把排名情况通知员工，给他们施加压力。销售经理承担练习和管理职能的责任，通过新人的最佳执行，达到最高业绩的目的，先是为期三周的集中培训，由专家讲解销售的过程和技巧，邀请有经验的人员做经验介绍。然后每周末召开会议，销售经理与培训经理都参与，对新人上周的进度进行讨论，分享工作中的心得，分析新的销售机会，并制定下周的销售计划。

　　培训经理与销售经理、新人们一起讨论下一步的走向。最终"太太"在工作中能够自觉地对新人运用的销售技巧进行指导，及时鼓励新人，对新人进行有效管理，并取得很好的效绩。

　　企业管理者在企业中的管理作用，主要体现在对人的管理上，戴尔公司"太太"式的管理恰到好处地让管理者发挥了其作用，并能让管理者在发挥作用的同时，激发起员工的潜力，使公司的销售业绩迅猛增长。所以对于管理者来说，让员工能力得到最大程度的发挥，对企业有重要的意义。管理者如何才能为员工加把劲儿呢？

　　第一，要提高员工的工作兴趣，对工作充满兴趣对员工是极为重要的。有些工作对员工来说也许很困难，管理者应该在其中加入一些可激励员工的工作，此外，可以让员工离开固定的工作一段时间，也许会让其兴趣与创造力得以提高。

第二，让沟通、资讯及反馈等管道畅通无阻。对于员工来说，他们渴望了解其从事工作的情况以及公司的运营状况，管理者应该对公司利益的有关来源告知员工。

第三，让员工积极参与，并产生归属感。让员工参与对他们有利害关系的决策和事情，体现了公司对他们的尊重及处理事情务实的态度。往往员工最了解问题的状况、如何改进方式以及顾客的想法。当员工参与其中时，就会产生很强的归属感，从而增强对工作的责任感，并能较轻易地对新的方式及改变予以接受。

第四，保持员工的独立、自主及弹性。大部分员工尤其是工作业绩突出的员工，对个人的工作空间非常重视。所有的员工都希望在工作上有弹性，如果把这些条件提供给员工，会增加员工达到工作目标的可能性，并为工作注入新的理念及活力。

第五，增加学习、成长及负责的机会。当员工做出成绩时，管理者给予员工肯定，会让每个员工都心存感激。大部分员工的成长来自工作上的发展，工作也会为员工带来新的学习及吸收新技巧的机会。对多数员工来说，得到新的机会来表现、学习、成长是上司最好的激励方式。

企业的管理者要为员工制定恰当的职位，分析创造有利的激励与竞争氛围，以有效的手段对员工的积极主动性进行引导，并进行必要的职业培训。通过外界因素提升员工的工作能力，激发员工的积极性，从而为企业创造更多的价值。

竞争是员工前进的关键，把竞争引入良性轨道

企业的发展必须要重视人的因素，对用人体制方面的突出问题要有针对性地解决，完善和创新有效的人才竞争激励机制，激发人才活力。企业要不断提升对人才的认识水平，深刻地认识到企业之间的竞争归根结底是人的竞争，从而更能有效地正视用人体制上存在的突出问题。

企业在内部建立良好竞争，能够调动员工的积极性、创造性，使人力资源的潜能得到发挥，为公司创造价值，同时也是吸引人才、培养人才、保留住人才的制度保障，把握好良好的竞争体制，是企业长远发展的战略。

中国 500 强企业隆基泰和公司，是一家拥有商贸、房地产、工业等 30 余家分、子公司的集团。2012 年集团实现销售收入 493 亿元，截至 2012 年 12 月，总资产 376 亿元，员工 2 万多人，是一家规模庞大、实力雄厚的集团公司。

隆基泰和有很好的发展空间，员工只要有梦想、肯拼搏，隆基泰和会给予越来越好的待遇。隆基泰和注意人才发展和梯队建设，不但对员工职业成长给予关注，而且在企业内部建立良好的竞争机制，设置宽广的职业发展平台，为员工提供良好的培训学习机会。

从而形成"能者上、平者让、庸者下"的用人理念,使企业内部形成竞争与学习、互助沟通相结合的良好氛围,从而使大批有志之士加盟,为企业不断注入新的血液,促进了企业的快速发展。

对于企业来说,良好的竞争机制是为企业注入新血液的手段。通过竞争机制,可以让能者上、平者让、庸者下。在良好的竞争氛围中,才能使得人才济济,从而使企业提高竞争力。

GE公司(通用电气公司)前CEO选择接班人时非常谨慎。从1994年6月起,韦尔奇就开始与董事会一道着手选择接班人的工作。十几位候选人的名单被秘密敲定后,他们会经常性地安排董事会成员与他们一起聚餐跳舞或是打高尔夫球,让董事会有更多的感性认识。

娱乐活动轻松活泼,看似不经意,但组合配对、座次安排等细节都是韦尔奇亲自安排的。而且也会以多种明察暗访的形式对候选人进行考核。经过6年零5个月的筛选,终于最后三名候选人确定。

这些候选人此前只有隐约知道自己是候选人之一,但不知道竞争对手还有多少,所以没有面对面的竞争机会,他们之间一直保持着良好的同仁与朋友关系。直到最后公布时刻,被选中的人才确切知道自己是候选人并选中。

韦尔奇在选择候选人时,有效地确保了竞争的公平性,通过候选人与董事会成员之间的娱乐以及明察暗访对候选人进行考核,可以更充分地了解候选人的能力。而对候选人的保密,避免了在候选人知道竞争对手后,用一些不正当的手段打压对方,从而保证选择人才的工作公平、有序地进行。人才是通过竞争筛选出来的，作为管理者如何才能更好地将良好的竞争投机此入企业？

第一，要充分尊重企业内部每一个人，确保量才适用，人尽其才。在选用人时，要坚持优中选优和德才兼备的标准和原则，对"人情人"、"关系人"的弊端要坚决回避。充分为员工发展和企业用人提供公平公正的平台，确保优秀的人才要用到重要岗位上，提升企业内部员工整体素质，不断增强企业核心竞争力。

第二，坚持以人为本，在企业内部树立"天生我材必有用"的人才观。积极为员工拓展个人发展空间，要充分尊重员工。要广开言路，发扬民主，广纳职工的建议和意见，尊重员工的意见，使员工参与企业管理的积极性得以发挥，增强员工主人翁意识和集体荣誉感。对企业发展需要的高技术、高管理人才，从工作年限、工资待遇等方面建立考评激励机制，使全体员工的创造性、积极性和主动性得以充分调动。严格按制度办事，构建公正公平的员工管理机制。

第三，要加强普通管理人员和技术队伍的建设，从实际出发，合理流动。尽可能根据员工的主观意愿调整和选择自己的工作岗位和从事的工作内容，使他们的工作积极性和主观兴趣增强，从而提高工作水平和工作效率。

第四，要加强员工学习教育培训，提高人才队伍素质，为企业提供力量支撑和智慧源泉。在做好企业人才需求调研的基础上，要对各类人员分批次培训，特别是要重点突出对高技能人才和关键技术岗位人员培养，有针对性地制订相应的管理办法。

企业要建立和完善人才竞争激励机制，使企业内部各类人才的作用能更好地发挥，从而逐步形成人尽其才、才尽其用的良好氛围，使企业形象和核心竞争力不断提升，确保行业持续、稳定、健康地发展。

你要有"火眼金睛"，准确找到员工的需求

大多数企业管理者都会明白，当一个员工选择到一家企业工作或是选择离开时，都会有很多原因，但其中最大的比重是待遇方面、业务能力或绩效方面、人际关系方面、职务升降方面等原因。由此可见，员工的去留与其需求密切相关，作为企业管理者，应该有"火眼金睛"，找准员工的需求，才能为企业聚集到更多的人才。

如何才能使员工的需求得到满足，这个问题看似简单，却成为许多专业人士难以解决的棘手问题。但从最基本上来说，如果连员工最基本的发展需求都得不到满足，又如何奢求他们为企业做出最大的奉献？所以，满足员工需求，提高员工满意度，增强企业凝聚力，成为企业至关重要的系统工程。

曾经有这么一家全球化航空公司，30多年来，它只经营经济舱，却没有商务舱和公务舱业务，但连续实现赢利30多年。这家公司的

理念是"员工第一，客户第二"，成为全球航空业界战略与运营标杆，赢得越来越多的消费者青睐。

这家公司就是赫赫有名的美国西南航空公司，全球为数不多的将"员工第一，客户第二"作为公司理念的公司。美国西南航空公司的持续增长，也给国内那些将"客户第一"作为发展宗旨的企业提了个醒，企业家永远都不该忘记，执行"客户第一"理念的一线力量永远是员工，而不是管理者。

美国西南航空公司提出与众不同的"员工第一"的公司理念，也就足以说明公司对员工的重视。就像前面所提到的一样，企业的一切活动是由员工执行的，没有员工，一切都是空谈。所以对员工重视，满足员工所需，才能使公司获得成功。

这里不是托儿所，但随处可见懒人球、积木、巧克力；这里不是医疗诊所，却拥有随时待命的家庭医生和牙医；这里当然也不是公园，但路上随时可见到骑乘电动滑板车或者极具个性的三轮跑车，以便于行人往返于建筑物之间。

当你走在路上时，与你擦肩而过的人或许开发过你的桌面浏览器，与你共进晚餐的人或许发明了你正在使用的编程语言，跟你一起打台球的人可能为你的研究生课程编写过教材。这里就是全球最大的搜索引擎 Google 公司（谷歌公司）的所在地。与一般的公司不同的是，这里更像是一个社区。除了上述具备的休闲、娱乐等功能，Google 公司（谷歌公司）的企业园区还为员工提供免费的班车和轮渡服务，接送雇员上下班。而且这些交通工具都具有无线互联网服务，在员工上下班途中可以让他们方便使用。

Google 公司（谷歌公司）的社区化模式，更像一个企业的大家庭，使员工的各种需求得到满足，从而使这里的员工更加有归属感，他们的工作热情自然而然地被激发起来。管理者如何才能做到找准员工的需求，进而满足他们的需求呢？

第一，要给予员工合理的薪金。一个员工进入公司后，最关心的应该是自己一个月能有多少收入。合理的薪酬不仅能满足其生存的条件，更多的是一种主观的感觉满意度。

第二，要为员工提供安全、健康的工作环境。安全健康的工作环境是员工高效工作的前提基础。作为企业员工，都希望自己处在一个和谐、积极、稳定的生活环境中。企业如果能为员工提供一个积极、稳定、和谐的工作环境，更便于员工充分发挥个人能力。在一个尔虞我诈、消极甚至没有安全感的企业环境中，即便收入再多，也不会留住人才。

第三，营造友爱、诚信、和谐的工作环境。对员工而言，在企业工作不仅是为了获取报酬，企业也是他们的另一个家，要充分尊重员工的权利，化解员工之间的对立情绪，创造宽松、和谐的人际关系。

第四，满足尊重动机需求。诚心诚意地尊重员工，能让员工处处都真正体验到自己的价值所在。企业能够使员工产生积极性的重要因素是他们的个人目标与企业目标的一致性。而这种一致性会形成对共同目标和共同利益的认同感，构成共享的价值观念，形成目标一致的利益共同体，所以共享至关重要，能构筑目标一致的利益共同体。

第五，为员工提供一个成长的空间、展现的舞台，让员工能利用所学的知识，使自己的能力得到发挥，智慧得到彰显，使员工产生一种成就感。员工在自己的能力、知识、智慧派上用场的同时，也需要学到新的知识，提高自己的能力，增进自己的智慧，从而使自己感觉到在不断成长。

许多企业都把客户的价值奉为至高无上的准则，但如果没有满足客户需求并没有满足客户期望的员工，客户的价值也就无从谈起。沃尔玛的"天天平价"理念，联邦快递的"使命必达"理念，无不是将员工放在最高的位置。

企业与企业之间的竞争，演变到最后就是员工与员工之间能力的竞争。对于企业的用人、选人、育人、留人，事前的预防远比事后补救更为重要。如果能在事前知道员工想要什么，并将这种需求连接到员工的绩效上，在提高员工素质的同时，企业竞争力自然而然地就能得以提升。

对成绩要用"放大镜"，对失误要用"望远镜"

在企业管理中，优秀的管理者都会善待员工。这可以让员工心存感激，使员工感觉到自己受到最高管理者的重视与关爱，他们才会更踏实地工作，尽自己最大所能，发挥出自己的潜力。

当员工将一件工作顺利完成，并取得较大的成绩时，需要管理者进行称赞和鼓励。当员工辛辛苦苦完成一项工作后，如果管理者能及时提出表扬，说上几句贴心的话，表示出对他的了解与支持，并多些鼓励，就会让员工觉得管理者重视自己，认为自己的努力在领导的心里是有数的，以后肯定会更加努力地工作；反之则有截然不同的后果。不管什么样的工作，总会存在着困难，员工在工作中碰到困难时，需要管理者的支持和帮助，而不是批评和嘲讽，只有这样，才能让员工充分鼓起勇气，克服工作中的困难。

戴尔公司是一家"个个员工皆老板"的公司。它的管理方式非常人性化。管理者在所有的员工中建立起一种共同的信念，其中包括荣誉、责任和有福同享。戴尔的每一位员工都受到管理者的尊重，将企业的成就归功于员工的努力。

任何一位员工都能感受到自己的工作在公司的价值如何，并通过沟通的渠道，可以直接得到自己所需要的信息，所以，在戴尔大部分人都在享受着工作，欣赏着管理者的魅力。

对于员工来说，如果能得到管理者的尊重和关心，就自然而然地愿意为自己喜欢的工作付出，也愿意为管理者分忧解难。一个优秀的管理者懂得如何通过善待下属和员工，让他们对自己死心塌地。这方面做得最好的，应该非刘备莫属了。

三国时期，在长坂之战中，刘备遭到曹操的重创，妻离子散。骁将赵云担当保护刘备家小的重任。但由于曹军来势凶猛，虽然刘备冲出包围，而家小却陷入曹军的围困中。赵云拼死刺杀，七进七出，终于寻得刘备之子阿斗。

赵云冲出曹军围堵，追上刘备后，将其子交给刘备。刘备接过孩子，掷于地上，愠而骂之："为汝这孺子，几损我一员大将！"赵云抱起阿斗，连连泣拜："云，虽肝脑涂地，不能报也。"

作为管理者，怎样做才算是善待下属呢？

第一，要给予员工亲切的关怀。不管多么强健的人，在身体不适时心灵总会很脆弱，此时非常需要别人的关心和爱护。如果员工生病时，管理者能给予及时的关怀，不管是什么形式，哪怕只是一句关心的问候，就会让员工产生好感。

第二，要懂得帮助员工分忧。在家中有人生病，或是因为孩子受教育的事苦恼时，也会让人处于脆弱的状态中，无法使自己的心情平静，如果管理者此时能表现出真诚的关心，也会让员工产生感激之情。

第三，要适时地安慰员工，有时因为工作的失误或是无法按规定日期将工作完成，就会让员的情绪变得十分低落，处于消极的状态中。这时，管理者要给予适当、及时的安慰，这样做会取得员工的信任，有助于员工积极工作。

第四，管理者要把员工当成"真心朋友"，经常与员工进行沟通，使彼此的关系尽量朝着融洽、和谐的方向发展。在平时的工作中，领导要做到对员工的合法权益极力维护，记住员工的名字，对所有员工要一视同仁，尽量避免抛白眼、要脸子，常对员工微笑。

作为管理者要做到"视卒如婴",必须具备高深的修养,不自视清高、不摆架子。始终把自己当作群体中的一员。要明确,一个人离开团队后,纵然自己有三头六臂也是无能为力的。更何况,在每个专业岗位上,管理者的实际知识远远不如员工。只有消除因分工和社会地位不同所造成的隔阂,才能使员工心服口服地为企业而努力工作。

所以管理者一定要善待员工,把员工当作自己的亲人一样爱护。员工必会报以感激之情,从而把自己的聪明才智和工作激情全部倾注到所从事的工作中,并尽最大努力为企业创造效益。但如果管理者整天板着面孔,提高嗓门,摆起架子与员工交往,以高压政策强压员工,就会给员工造成逆反心理,工作的效率就会降低,最终会使企业效益受到严重的影响。

让你所说的话与员工自身利益息息相关

老子说:"轻诺必寡信。""信"与"仁"、"义"、"礼"、"智"并称为传统道德所强调的"五常",也就是说,人们应该遵循的一种基本的道德规范。一个人立身处世的根本就是信誉,这是人人都应遵循的行为准则。如果大家都不守信,就失去了做人的基本原则,人们就会陷入相互猜疑的恐慌之中。

对于企业来说，诚信不但是企业进入市场的通行证，维护自身经营秩序的"公德"，而且也是树立员工公信力的最基本准则。作为管理者，只有做到言必信、行必果，一言九鼎，才能让员工足以信服，不用担心自身的利益会因为管理者的失信而受到伤害。

有一个农夫因为种的瓜果太多，自己一个人忙不过来，就想着让两个人帮自己卖。他对这两个人说："我们三个各摆一个摊位进行比赛，看谁卖的多，只要你们卖得比我多，多出的部分，我会按照10％给你们提成儿；如果没我卖得多，我只能再请别人。"两个人一听，觉得这个方法还可以，便同意了农夫的想法。

第一天，卖完瓜果清算后，两个人没有农夫卖的多，所以没获得提成儿，当然就没有了积极性。农夫见状说："可能今天是我的运气好，你们再试一天，并把卖瓜果的过程跟我说一下，我分析下是什么原因让你们卖得比我少。"于是他们两个分别讲述过程，农夫听到后，觉得他们吆喝的劲头不足，而且对瓜果的好处没有讲到位。于是农夫帮他们进行分析，并把自己卖瓜果的过程和方法告诉他们，给他们讲了对不同的瓜果如何吆喝，如何吸引别人来买瓜果，并让他们当场吆喝。当农夫觉得他们过了关，于是，第二天三个人又分别摆摊售卖。

农夫害怕他们的积极性受到影响，当天就少卖了些，尽量让那两个人比自己卖的多。结果下午集市结束后，那两个人果然比昨天多卖了一些，农夫也兑现了多给他们10％的承诺，那两个人非常高兴。当农夫把所有的收成全部卖出去后，三个人都很高兴，农夫还请他们一起喝酒。两个人约好，明年还会再给农夫出工，并让农夫答应不要再用别人。

在上面的小故事里，农夫应该是一个很出色的管理者。他不但知道如何去培养下属，而且也知道鼓励下属，并非常信守承诺，很到位地使自己的承诺得到兑现。当工作完成后，他还忘不了给下属一点小恩小惠，就使得这两个人心甘情愿为他工作。所以对于管理者来说，在你向下属做出承诺时，一定要让你所说的话变成现实，因为你的话总是与员工的利益息息相关的。下面的例子就是一个很值得反思的教训。

某集团是一家以服装加工起家的企业，虽然工厂还在运行，办公楼依然矗立在厂子里，但物是人非，这家服装厂早已租给别的企业经营了。

有很多原因导致这个集团的衰落，但在某种程度上，企业决策者不重视对员工承诺的兑现也是其中之一。最初的它是一小作坊式的生产车间。当时的管理者为了扩大公司经营，增加员工士气，向员工许诺，当公司有朝一日盈利，走上正轨，就会给每一位员工高待遇和高职位。同时希望员工们以厂为家，共同努力使公司取得发展。在管理者热情话语的激励下，员工们齐心协力，共同使这个公司发展壮大。大家没日没夜的加班，努力地工作公司有了很大的发展，但因市场的不景气，没有获得想象中那么好的盈利。

在年底工作总结大会上，老板却只做明年的业务安排，却只字不提曾经对员工们做出的承诺。不仅如此，老板还从外面引进几位新的员工，而且还对他们予以重用。在沮丧之余，这些老员工们觉得企业不会有太大的发展，于是有的选择离开，有的虽然留下，但也没有了为公司出力的干劲，而且不管经理再做出什么承诺，也不会有人再相信了。

空头的支票谁都会开，但那是最伤人心的。尤其是对于管理者来说，一定要谨言慎行，只要对员工许下承诺，就一定要做到，这不但体现出你的公信力，也会提高管理者在员工心目中的威信。管理者是企业决策的制定者，如果你的承诺得不到兑现，也就会使一切的规章制度变成一纸空文。作为管理者，如何才能做到信守承诺呢？

第一，管理者必须重视长期培养自己的个人信用。当做出加薪承诺后，说了就一定要兑现。对下属失信，是对下属的最大伤害，说到做到，不仅是对下属的负责，更是对自己的负责。

第二，不打算兑现的承诺不要说。作为管理者不能随便夸口，如果无心做的事，就不要说，对于那些信口雌黄，当众承诺，过后不兑现的管理者，下属会产生抵触情绪。

第三，要学会说"不"。在做出承诺前，要对自己的情况进行估量，面对你做不到的事，应该是真诚地说"不"，不要计较暂时的损失，应该考虑到如何赢得长期的信赖。做勉强自己的事，很多情况下会赔了夫人又折兵。

第四，做有条件的承诺。如果下属提出的要求无法全部做到，管理者可以做有条件的承诺，相信你的真心诚意会赢得下属的认可；如果一口答应后，却在过后无法兑现，就让下属觉得你不讲诚信。

第五，信守你的承诺。一旦承诺，就必须要做到，否则如果你的信用破产，在以后将会很难弥补。不管在商海航行或是人生的道路中，良好的信誉是取得成功的重要保证，失去别人的信任，在行业里就无法立足。为了能让自己更好地信守承诺，可以把承诺的事写下来，时时对自己进行提醒，牢记"承诺是金"的道理，就能更郑重地办好"承诺"下来的事情，绝不要开空头支票，虎头蛇尾，更不能对下属进行欺骗。

第六，尽早重新协商。如果管理者真的无法兑现自己的承诺时，应该立刻与下属联系，商量解决的办法。不要等到承诺时间到期后才进行补救，承诺一旦丧失信用，补救将会很难。

信任是管理的一个关键要素，对于任何组织的正常运行来说，它都是不可或缺的。一个成功的管理者必是一个言必行、行必果的守信人。只有做到信守承诺，才能在员工面前树立起威信，让员工更信赖你，并对企业充满着希望，才能更用心地发挥自己的能力，成为企业的忠心力量。

以工作业绩作为提拔员工的标准

很多企业都面临着这样的一个问题：由于员工难招，往往花重金请来的一批新人工资比熬了多年的老员工还要高。老员工心理当然不平衡，要求加工资，得不到满足就消极怠工，极端的情况下会离职走人，给企业的稳定和发展造成很坏的影响。

对于企业来说，人力资源管理与开发是它的核心竞争力。如果想引才、留才、用才、育才，必须要有一套与之相适应的现代化人力资源管理体系，为人才找寻一个让他们能充分发挥自己能力的平台。企业若想做到这点，应该以工作业绩作为提拔员工的标准，使员工最大限度地开发潜能，充分发挥各类人才的才智，做到人尽其用，人有所用，以便为公司创造更多的财富。

S公司是一家生产和销售中央空调和家用空调的企业，该公司把销售队伍分为两个团队。A团队负责对家用空调的销售，而B团队则负责销售中央空调。

按照惯例，由于家用空调比中央空调便宜，A团队的销售量应该远远大于B团队，但实事并非如此。由于B团队齐心合力，相互帮助，使销售的业绩非常好，而A团队却各自为政，单打独斗，每个月统计下来，B团队的销售额总是要大于A团队。

当公司的老总注意到这个问题时，想要把绩效机制引入本公司。然而，在制定业绩考核时，规定A、B两个团队的绩效目标都应上涨20％。这种"一刀切"的绩效考核，经过一个月的统计后，虽然B团队的销售总额要比A团队高出许多，但每次A团队能完成绩效目标管理，而B团队却不能完成。搞得B团队人心涣散，各投其主。

这家老总的管理显然是有欠缺的，一个本来团结向上的销售团队，在他"一刀切"的策略下，硬生生地把 B 团队的积极性扼杀了。他的本意可能是好的，想把绩效机制引入公司，来激励他们的销售业绩，但他错误的策略却起到相反的作用。所以对于管理者来说，在对员工的晋升、奖励方面要以工作业绩为标准，不能采用"一刀切"的方式。

据《史记·循吏列传》记载，春秋时期，晋文公称霸，他的有功之臣李离被任命为晋国"理官"。有一次，李离误将没有死罪的人处死了，他发现自己错判后，自己给自己判了个"过失杀人罪"，并把自己关进了死囚牢房。

由于他对晋国的贡献很大，晋文公闻讯赶来，宣布赦免他的死罪。晋文公劝李离说："官有富贵，罚有轻重，此事是你的下级犯了罪，你自己并没有罪。"

李离答道："我的职位比下级高，受他们的拜揖我从不还礼；拿的俸禄比他们多，也从不分给他们。而现在犯了罪却要把罪名推给他们，这我可没听说过。但理官有一条法律：理有法，失刑则刑，失死则死。"说罢，他便拔剑自刎了。

在这个案例中，李离是一个很有原则的人，他给我们的启示就是，做事要就事论事，不能有观念上的偏差。这就要求管理者在对下属和员工提拔的过程中，以其做出的效绩为考核依据，只有这样，才能为企业选拔到更优秀的人才。作为管理者，如何才能从工作业绩提拔下属和员工呢？

第一，管理者要将目光投向那些业绩好的下属或员工。这些人往往把精力和心思用在工作上，不愿也无暇在人际关系上花费时间和精力，更不会挖空心思去经营关系、疏通关节。在这种情况下，需要管理者有洞察的目光，从日常的工作中发现他们的实干精神，通过绩效考核对他们进行提拔。

第二，应该全面实施体现科学发展观和正确的绩效观。对下属和员工进行考核，要公正客观地看待他们，不要凭主观臆断。科学准确地识别每个员工对企业所做的贡献，使优秀的员工和下属能够早日脱颖而出。

第三，要给予优秀的员工和下属提供更广阔的发展机会。优秀的人总是具备着常人所没有的优秀品质，并且有着过硬的专业水平。他们志存高远、事业心强、责任心重，应该要为他们创造更多成长的机会，在工作的过程中使其受到锻炼，增长其才干，使其才华得到充分的发挥。对于不踏实工作、不称职者，坚决地予以淘汰。

经济基础决定上层建筑，这是一个亘古不变的真理。同样，企业利润的创造也决定了企业管理者的命运。作为管理者应该提高管理水平，在培养、选拔人才时需要具备足够优秀、卓越的品格，坚持公平、公正和平等的原则。当一家企业能形成一套切实可行的绩效管理系统，就会使管理者"位高权重责任轻，钱多事少离家近"的想法从某一程度上说不再会是妄想。而企业也会有越来越多出色的管理人才，让企业永保向上的活力。

分配要合理，分享利益才能得到更多利益

对于任何企业来说，都不能回避"利益分享"这个问题。一般情况下，"利益分享"所针对的问题无非就是眼前利益和中长期利益。作为管理者，要看得远些，他们看重的是中长期利益，而员工所要求的是眼前利益。如果老板想要员工帮助自己实现中长期利益，应该先让员工的眼前利益得到满足，使员工的心理有保障。

不同的员工即使在同一家企业里，选择也会不一样：有的可能比较注重眼前利益，那管理者应该满足于他的要求；或许有人看好未来，希望跟着公司一起跑，管理者就要满足他中长期利益的要求。作为管理者，在牵扯到员工最关心的利益分配方面，要做到合理，使员工们分享到自己应该得到的利益，才能使公司获得更多的利益。

在一家公司里，人力资源总监大伟收到骨干工程师小山的辞职信，感到有些不知所措。小山在公司已经工作多年，但让他感到不平的是，比他晚进入公司的员工会获得每人 30 万的激励基金和良好的居住条件。小山向人力资源部提出抗议，他也是第 3 个在本年度内提出同类要求的员工。

在经过一番实地考察后，大伟对小山许诺，尽快解决他的居住问题，并对他没有奖励基金做出解释，原因是他的收入水平已经超

过了公司政策规定的标准等。可是小山不领情，3 天后，他拿着写好的辞职报告，并以另一家公司优厚条件为要挟，再次找到大伟，希望公司能解决他的薪水问题。但经过慎重考虑和多方面征求意见，大伟还是做出同意辞职的决定，小山也不无遗憾地离开了公司。

很多情况下，公司人员的流失就是因为分配不公造成的，分配制度一直就是制约人才机制的关键问题。员工之所以选择公司，就是希望公司能给予合理的薪酬，使自己的价值得到更大的发挥。而在上述案例中，公司做出新老员工不同的薪酬标准，导致了老员工的不满而辞职。这对于企业和员工来说都是很不利的。

一家公司成立于 2000 年，是一家专门从事营销服务的行业，现有员工 300 余人。但由于企业各项规章不健全，而销售规模、人员却迅速增长，渐渐地让企业"元老"失去当初创业时的高昂激情，工作也渐渐失去原先的挑战性。"元老"们的责任意识渐渐下降，而别的企业采取高薪、提供更有挑战性的工作等方式对该公司进行挖人。

公司管理者意识到问题的严重性，于 2005 年时与专业咨询公司就薪酬设计项目进行合作，完成薪酬设计工作，而且每年公司都会把薪酬做相应的调整，但却收不到很好的效果。自 2007 年起，公司核心员工相继离职。截至 2007 年底，核心员工已经有 5 人离职，引起企业管理者们的不安。

在上述案例中，该公司的管理者在管理上是欠缺的，在一开始时没有一个很好的管理制度，只重效益不重人，使得老员工失去创业时的激情，后来意识到问题的严重性，只是采取了一些补救措施，而没有真正意识到员工们想要什么，结果就造成管理的失败。作为管理者，如何才能做到分配合理呢？

第一，对高层实行激励性的年薪报酬制度，要把握好经营者报酬水平与员工平均工资水平的倍数关系。根据该公司的公司属性，对该公司中、高层领导及分公司的管理高层，可以采用"基本公资＋高奖金＋津贴"的年薪报酬方案。

第二，建立"按劳计酬，以岗定薪"的薪酬分配机制。建立有效的分配体系是公司人力资源管理的重点，员工的成就感、自我价值当然可以体现在工作业绩和职务升迁上，但更应该在利益上得以体现。通过对员工进行实绩考核，按劳计酬，合理地将薪酬档次分开，建立"多劳多得，不劳不得"的按劳计酬机制。实行以岗定薪，不断使各层级、岗位的绩效工资和奖金标准完善、细化，使之具有个性化和激励性。实行薪酬与业绩挂钩，不唯职称，不唯学历，在什么岗位拿什么工资，使工资随着岗位的变动而变动。

第三，建立精神激励与物质激动互补的激励机制。管理者在管理过程中必须要建立物质与精神互补的激励机制，既给予晋升、薪酬、各种福利，又不忘通报嘉奖、赋予各种荣誉称号。

在企业的运行中，或许有许多因素影响着企业的兴衰，但各方面利益的平衡问题却起着至关重要的作用。只有物质资本与人力资本有效地结合，并与人力资本分享利益，才是企业发展的正确方向。冰冻三尺，非一日之寒。管理者应该尊重人力资本与物质资本的本质属性，按照市场化的利益分享规则为物质资本寻求合适的人力资本，进行有效的管理并分享利益。

管理者必须学会"表扬"这门学问

俗话说：良言一句三冬暖。表扬是一种伟大的艺术，蕴含着不可思议的力量，尤其对团队管理者来说，学会"表扬"这门学问，更是管理好团队很重要的一部分。

在国外，每当员工的工作做出成绩时，上司都会拍拍员工的肩膀，及时说句奖励的话。这个举动虽然不起眼，却会对员工起到非常好的激励作用，更有益于上下级之间的关系。美国著名女企业家玛丽·凯就曾说："世界上有两件东西比金钱和性更为人们所需，那就是认可与表扬。"

其实，有时候上司的一句表扬或一句肯定，都会令员工激动很长时间。如此一来，员工就会愿意为你死心塌地地工作，团队也会慢慢壮大。

世界闻名的成功学大师卡耐基，小时候是一个公认的坏男孩。在他9岁的时候，父亲将继母娶进家门。当时，他和父亲居住在乡下，而且生活贫苦，而继母来自富有的家庭。父亲向继母介绍卡耐基，说："亲爱的，这就是全郡最坏的男孩，他已经让我无可奈何。

说不定明天早上他就会拿石头扔你，或者做出你完全想不到的坏事。"

卡耐基心里很沮丧，然而出乎他意料的是，继母微笑着走到他面前，托起他的头认真看着他，然后对丈夫说："你错了，他不是全郡最坏的男孩，而是全郡最聪明、最有创造力的男孩。只不过，他还没找到发泄热情的地方。"继母的一番话，几乎让卡耐基掉下泪来。凭借这个，他和继母开始建立友谊；也就是这番话，成为了激励他一生的动力。

这就是表扬和激励的力量，它能化腐朽为神奇，甚至改变人的一生。作为团队管理者，尤其要注意及时表扬员工的成绩，表扬有时能带来不可思议的效果。

某大型公司有一位清洁工，这本来是一个被人瞧不起和容易被忽视的角色，但是他却成了"英雄"。在一天晚上，公司保险箱被窃时，他与小偷进行了殊死的搏斗，从而保住了公司财产。事后，有人问他为什么会这么做，他的答案却出人意料。他告诉大家，因为每天早上公司的总经理从他身边走过时，总会不时地表扬他："你扫的地真干净。"这么简单的一句话，使这个员工深受感动，从而在关键时刻挺身而出。

这说明，表扬的力量是强大的，它将激发出人们的潜能。就像上述故事中的清洁工一样，因为受到表扬，就做出了不平凡的举动，公司财产也得以保全。

表扬员工是为了达到鼓励团队气势的目的，但是作为管理者要注意，如果不注重表扬的技巧，不但不能达到目的，反倒会助长一些团队成员滋生自满和自大的情绪。

因此，管理者要做到表扬适度，具体来说，可以参照以下几点方法：

方法一：当众不提名表扬。

团队成员有一个特点：如果在会议上表扬一种现象，而不是表扬某个人，很多人都会对号入座，会认为自己是这种现象产生的主体，上司表扬的是自己；反之，如果是批评一种现象，那么绝大多数人都会认为批评的主体不是自己。所以，当众不提名表扬，可以起到表扬多人的目的，鼓舞很多人的气势。

当众表扬时必须注意，不能直接提名。如果直接提名，就起不到表扬的边际效应，还会使被表扬的人在同事面前略显尴尬。他不但不会感激你，反而会埋怨你为什么把他单独提出来，好像让他脱离了团体一样。当众表扬某人，很容易将此人列为大家远离的对象。

方法二：进行一对一的口头表扬。

要真正激励某个人，最有效的办法就是进行一对一、面对面的口头表扬。这不但用来表扬某人的某种出色行为，肯定此人以前的工作，还对今后的工作是种鼓励。员工的工作热情往往来自于上司的肯定，而肯定的方式有很多种，比如加薪、升职等重大表扬，其实口头表扬也很重要。不妨当面告诉员工：你的这种行为非常棒，只要继续努力，一定能取得更好的成绩。

方法三：借上司之口进行表扬。

这种表扬方式适用于团队核心成员和团队老成员。团队的核心成员处于相对稳定的阶段，工作一般不会有太大变动。多年以来，他们都是在老板本人的鼓励下成长起来的，一旦成为团队核心成员，同样的鼓励语言出自同一个人之口次数太多会自然失去影响力。但是所有的经理都知道，核心团队的士气必须高涨，才能带动整个团队往前冲。

所以，当管理者与上司见面时，必须利用机会做好两方面的事：一是鼓励团队士气；二是向上司汇报某下属的某方面优秀表现，之后请求上司在与该员工的沟通中肯定这种表现，鼓励他继续努力。

在日常工作中，管理者要善于发现和记住下属的优点，不要吝啬自己的表扬，但也不要随意表扬。表扬是一门学问，也是一种艺术。每个团队管理者都要留意，表扬的方法不仅仅有上述三种，而是要根据自己团队的特点灵活掌握。

第三章
你要会带队：打造一流团队是奋斗目标

"一流的团队必须有一流的团队精神"，有着规范的制度和明确的经营目标。团队的执行力决定战斗力、凝聚力，而创新力和凝聚力是企业的灵魂和血液。作为领头人的管理者来说，要成为无所不能的"超级战士"，带领团队向所擅长的领域进军。

做团队领头人，你就要成为无所不能的"超级战士"

在企业里，领头人的作用是极为重要的。有一个强有力的核心是一个优秀团队最显著的特征，领头人就是团体的核心。对于一个企业来说，管理者就应是一个无所不能的"超级战士"。

一个优秀的领头人与常人有着不同的思维和观念。在他的眼里，利益并不着眼于现实，他会把目光放得更远。只有具有前瞻性的人，才能更敏感地发现机遇就在前方，于是就会不懈地去努力追求，让自己变成一个无所不为的"超级战士"。

两个人在距海不远的地方迷失了方向，当时他们非常饥饿，刚好碰到一位长者，并得到长者的恩赐。其中一个人要了一根渔竿，另一个人要了一篓鱼，随后他们各自走了自己的路。

得到一篓鱼的人由于饥饿过度，赶快就在原地烧起火，将鱼煮熟后狼吞虎咽，也没品出鱼肉的鲜香，很快就连鱼带汤地全部吃光了。鱼吃光了，他还是觉得肚子空空的，仍然要忍受着饥饿赶路，最后饿死在途中。

另一个人则忍受着饥饿，提着渔竿一步步艰难地向海边走去。当他来到不远处的那片望不到边际的海洋时，他已经筋疲力尽。他也想到放弃，但他相信无边无际的海洋会给他生机，所以他用坚毅的信念支撑着自己，把渔竿放到海里。经过数次的失败，他不气馁，终于钓到了鱼。他吃了鱼，当体力恢复后，他钓到更多的鱼，于是他想方设法，走出了迷失的路。

作为一个良好的领头人，也要具备这种遇到困难不气馁，不畏缩的精神，勤奋、吃苦、有承担风险的勇气，才能把你的队伍带好。这也是成为"超级战士"的最基本的心理素质。

苏宁电器在1996年时还只是一个较大的全国性的空调批发商，它的销售渠道是直接从各大空调厂家进货，然后卖给零售商或小批发商。这种方式资金周转快，成本低，10亿的营业额几十个业务员就能搞定，但唯一不足的是利润太低。

于是苏宁创始人张近东毅然把渠道商的角色扔下，转而做起零售商的买卖。零售商虽然利润高，但开店成本却非常高，还需要很多人员，而且长时间地积压商品，资金周转慢，还要面临着现有的客户竞争，使整个局面陷入非常复杂的境地。很多公司的人都担心，如果做不好，将使目前的利润受影响。但张近东发挥了他超人的胆识，坚定地对公司的战略进行调整。经过几年的发展，苏宁电器终于成为中国第一家家电连锁品牌。

张近东的超人胆识和他对市场超前的创新意识成就了苏宁，使苏宁成为中国第一家家电连锁品牌。企业创新的基础就是要求带头人有创新的意识，对潜在的创新意识和能力进行有效的发掘。作为企业的管理者，如何才能做一个无所不为的"超级战士"？具体来说，要做到以下几个方面：

第一，要有一个超级头脑，要通过不断学习来充实自己，提高自己的专业素质；要有品质观念与数字观念；有时间观念，善于时间管理；要有整体规划，懂得成本效益和人性管理；要有独特的思维模式。

第二，要有积极正确的工作态度，从基础做起，不怕吃苦，不好高骛远，凡事都要以合理化为目标。对公司的经营理念要认同，要有远大的抱负、理想和方向，善于接受同事的批评建议。要有一个好的工作方法，学会选才、育才、用才、留才，培养员工，以使他们扬长避短，公平对待下属，正确运用奖惩方式，还要培养正确兴趣爱好与娱乐。

第三，要善于处理身边的事务，做事有原则、有重点，有极高的忠诚度与责任感。不追求完美，不分贵贱，永远保持着感恩的心。认清目标，实施目标管理，有主见与果断力，有创新与突破，尽量吸收工作方面的新知识、新方法。有良好的人际关系，并常与人沟通，对同事秉持诚心与热心，了解同事的工作职责，必要时可以代理处理其职责。

第四，要有处事不惊的心态，并时刻注意自己的健康。经常保持情感的平静，遇事要冷静而细心、从容不迫。有幽默感，能言善道，勿做轻诺，切忌轻浮。摒弃优越感与虚荣心，不可阴谋行事，投机取巧。清除自卑感，取得成绩而不自满，注重自己的健康，保持旺盛的精力。

对于一个团队来说，只要具有无所不能的领头人就能让团队向着正确的方向发展，像士兵一样端着冲锋枪，随时扫清四面八方的来敌，并站在前沿的方向，时刻带着企业走向高处。

好的团队是离开谁都能照样运转

在职场中总会有那么一些人，自以为实力很强，总以为凭借个人的能力就能把一切完全搞定，就是对上司的意见也会置若罔闻。其实这是一种自不量力的心态，是不可取的。许多事单靠自己的力量毕竟是无法做成的。对于一个好的团队来说，应具有强有力的凝聚力，它需要人才的壮大，并不是完全依赖于谁才能运转。

对于团队来说，更要注重团队的团结，如果你作为团队中的一员，过于注重自己的力量，就会与团队不相容。输了团队精神就输了胜利的成果。团队成员只有以团队的利益为上，才能保存好自己的实力，这也是作为团队的每个员工都应该明白的道理。

李强是南京一家汽车销售公司的业务员，他的业务关系和销售技能都非常好，他的业绩也得到公司的肯定。面对自己不俗的成绩，李强变得飘飘然，尤其是对那些客服人员总是指手画脚。

这些客服人员本来非常支持李强的工作，只要是他的客户打过电话来，售后服务就会马上进行。但李强动辄就说："这是我给你们的饭碗，没有我你们都要饿死。"要不就总说这些客服人员的服务不好，他的客户向他投诉。

基于他的职位和能力，客服人员对他的话不置可否，但总是用行动与他对抗。后来，只要是李强的客户打电话过来，客服人员都是一拖再拖。最后这些客户直接给李强打电话，并把怒火发到他的身上。由于售后服务不到位，李强的续单率非常低，原来的客户都被其他的业务员抢走了。他无法在公司里立足，只能灰溜溜地走人。

作为团队的一员，不要过于夸大自己在团队中的地位，李强失败的教训就充分说明了这个道理。因为在这个团队中不可能是你一个人支撑着团队的运转，一个强有力的团队，缺少一个团员，总会有相应的人员进行填补，是一个充满凝聚力和竞争力的组织。所以团队的成员一定要时刻以团队的利益为重，否则就会让自己处于孤立的地位。

一次，百度公司的老总李彦宏参加一个由副总监主持的讨论会。像往常一样，这次会上似乎不存在李总，这个关于百度是否要进入一个新领域并进行投资的讨论会，几乎在一种无序的情况下进行。副总监和其他被邀请的与会者对进入这个领域的看法各自进行着陈述，与会者自由发表意见及理由。

会议进行了将近两个小时，这场看似在最终毫无结果的会议上，在一位百度副总裁的拍板下决定"暂不进入该领域"。尽管后来李总又提出可以先和这个领域的某个不错的公司合作试一试，但这个想法被一个参加会议的高管马上否定了。他认为应该先做一段时间，对这个公司做深入了解，如果有价值再投资。这也是会议形成的最终决议。

在百度，这样的会议是司空见惯的。当讨论任何问题时，即便是李总的意见，也仅仅是"一己之见"。在李彦宏讲话的过程中，任何人随时可以打断，发表自己的观点，或是提出质疑。在一些非绝对重要性的问题上，李彦宏的确意见常常被否定。但这恰恰在此时被认为非常符合李总推崇的"百度不仅是李彦宏的，更是每一个百度人的"原则。李彦宏和百度的其他管理层也在尽量维护这种学长式的讨论氛围，刻意打破开会时从职位高的人开始发言的企业传统，努力减少高职位员工在公司决议上对普通员工的影响。

在百度人看来，作为一家知识型公司，百度不应该像传统制造业那样进行家长式的领导，要尽量用网络式的组织形式去代替那些阶层式的组织，用民主参与代替简单命令，用团队作战代替个人英雄主义。

正因为这种全新的管理理念，百度在创始人兼 CEO（首席执行官）李彦宏的带领下，从一家只有 7 个人的创业型公司，发展成为中国的搜索份额超过七成的全球最大的中文搜索引擎。作为管理者，如何才能让自己的团队做到离开谁照样运转？

第一，在营销队伍中牢固树立团队利益至上的思想。要加强对团队人员的宣传和教育，重复灌输团队利益至上的思想，只有使整个团队业绩提高，才能使自己的能力得到最大限度的发挥，人生价值才能得到最大限度的实现。在日常营销工作中，管理者要做到心胸开阔，公平公正，身先士卒。加强成员之间的沟通，充分发挥每个成员的才能，强调整体作战的重要性，让每个成员认识到自己离不开团队，团队也需要他们，不断增强团队成员的责任感和使命感，进而使成员的团队意识不断提高，形成强大的凝聚力和战斗力，让团队变得锐不可当，攻无不克。

第二，正确引导团队成员发扬个人英雄主义，要让团队成员真正理解个人英雄主义的内涵和实质。在团队工作中管理者要合理授权，给下属更多自由发挥主观能动性的机会。在工作中遇到难题要集思广益，经常向成员征求意见，使成员的创造性思维得以充分发挥。通过个人能力有效的发挥，使成员提高独立作战的能力和市场竞争意识，增强团队的战斗力。

第三，个人利益要永远服从于团队利益。根据团队利益至上的原则，个人的利益必须永远服从于团队利益，必须要在维护团队利益的前提下发挥个人才能。如果个人能力受到过分的压制，就会使团队缺乏创新力，跟不上市场形势的发展；如果过分强调个人的能力，就会使成员之间缺乏合作精神，各自为政，目标各异，就会使个人利益占据上风，从而淡化团队利益，使整个队伍成为一盘散沙而不堪一击。

团队内部成员要为团队的共同利益而紧密协作，从而形成强大的凝聚力和整体战斗力，以实现团队的最终目标。每个团队成员应该充分发挥自己的主观能动性、积极性、独立性和创造性，使自己的个人潜力得到最大限度的挖掘，实现个人价值的最大化，使整个团队的业绩整体提高。

团队有凝聚力才有保障，有创新力才有希望

在这个世界上，完美的个人是不存在的，但人们却可以把一个团队塑造得更加完美。人们都梦寐以求 1＋1＞2 的高效率团队，让企业充溢着浓厚的团队意识，只有让这个企业拥有良好的创新力和凝聚力，才能更有效地提高战斗力。

创新力和凝聚力仿佛是企业的灵魂和血液，是必不可缺的，一个拥有创新力和凝聚力的团队将会使企业得到更大的发展。

微软公司不但工作条件非常舒适安逸，最难能可贵的是雇员们的献身精神，每周工作 60 个小时在这里是常事，在主要产品推出的前几周，每周还会有超过数百小时的工作时间。而微软公司也并没有非常高的津贴，相反却非常吝啬。该公司的一位前任副总裁常说，其董事长比尔·盖茨因公务出差时，很多情况下都是独自开车去机场，而且坐的是二等舱。

而究竟是什么吸引力，使得这些百万富翁们不单为自己的经济需要而如此卖命地工作？因为他们具有完全超越自我的团队意识，这种团体意识在微软公司已经生根发芽。微软人的理念就是，他们不属于自己，而是属于微软这个团体。当谈到团队精神时，董事长比尔·盖茨曾说过这样的一段话："我们公司所形成的氛围是，你不

仅拥有整个公司的全部资源，同时还拥有一个能使自己大显身手、发挥作用的小而精的班级或部门。每个人都有自己的主见。而能使这些主见变成现实的是微软这个团体，我们的策略一向是聘用有活力，具有创新精神的顶尖人才，然后把权力和责任连同资源一并委托给他们，以便使他们更出色地完成任务。"这种团队精神营造了一种氛围，在这种氛围中，开拓性思维不断涌现，员工的潜能得以充分发挥。

事实上，绝非微软公司独有这种团体意识。这种把个人归属于集体的团体意识，也是许多公司力求培养的团队意识。让雇员们拥有更高的工作热情，更深刻地去体验工作，从工作中找到人生的价值和意义。

曾经有一位创业家，在30多岁前就凭借自己的努力打拼，为自己积累了丰厚的资本。为了让自己有更广阔的发展空间，他要找一些新的合作伙伴。由于在他35岁之前找到了新的投资伙伴，与几个年轻有为的人一起拍板定案，谋划一个新的合资项目。

在开始的时候，他们对自己的事业充满了信心，因为他们都是资历丰厚，而且都经历过成功和坎坷，应该是没有什么问题的，一定会在新的领域创造出骄人的成绩，并会在同行业中打响知名度。

但让人难以预料的是，刚结束开幕酒会的第二周，就传来合作失败的消息。这些雄心万丈、雄心勃勃的人，由于某些观念和制度的不一致，吵得翻天覆地，没办法，只能达成一个令人啼笑皆非的共识，酒会过后，大家散伙。

是啊，要创造一个成功的企业要具备天时、地利、人和的因素，而人和则是最关键的因素。一个良好的团队起着关键性的作用。而对于一个团队来说，创新力和凝聚力是不可缺少的重要因素。一个良好的团队必须要做到以下几点：

第一，要做到目标明确。只有目标明确才能激发起大家的斗志，而共同的目标是把大前凝聚到一起的方向和动力。良好的团队精神，要求个人的荣辱得失要与集体的荣誉连在一起，让每个成员都充满成就感，集体的失败也就意味着个人的失败。

第二，要有一个卓越的领头人。火车跑得快，全靠车头带，在团队中，好的领头人至关重要。团队领头人要不顾个人的得失，甚至有牺牲的精神，时时刻刻把集体的利益放到每一位，才会使得团队更加团结。每个人都要有很强的集体荣誉感，以集体的兴而振奋，以集体的衰而担忧，集体深入每个人的心里，才能具有凝聚力。

第三，要改变自己的观念。每个人都是集体的一部分，团体的利益是第一位的，不管什么情况下，不要计较个人的利益，要以团体的利益为重。毕竟每个人的力量都是有限的，而众人拾柴火焰才高，只有大家共同努力，才能把一些重要的任务做得更好。当每个人都有这样的意识和想法，就一定会使团体的凝聚力和向心力提高。

第四，要有强有力的执行力。要想训练一流的团队，必须有一流的团队精神对团队成员进行约束。做事要有理可循，使员工在荣誉和利益上达成共识。当实际行动陷入危机时，要安抚大家的心灵，并帮助每个员工成长。

企业总是在机遇与危机中求得前进和发展的，企业的发展需要有一个好的团队，而一个好的团队具有凝聚力才会有保障，有创新力才会有希望。

执行力不能只靠自觉，更要由管理者来训练

比尔·盖茨说，"在未来的 10 年内我们所面临的挑战是执行力"；罗伯森·沃尔屯说，"沃尔玛能取得今天的成就，执行力起到不可估量的作用"。既然执行力有如此巨大的作用，它又从哪儿来呢？执行力不能靠自觉，而是需要管理者来训练。

执行力决定成败，决定战斗力、凝聚力。很多人一生都停滞不前，一生一事无成，这并不表明他不想有所成就，只是在前行的道路中，找不到方向、没有执行力而造成的。

美国石油大亨约翰·洛克菲勒，是世界上第一位亿万富翁。16岁时，他想得到一份"所受教育"的工作，他对克利夫兰全城的工商企业名录进行翻阅，仔细寻找知名度高的企业。每天上午8点，他就已经离开住处，身穿着黑色的衣裤和高高的硬领西服，系上黑领带，去赴预约的面试。即便会被人拒以千里之外，他还是一直坚持下去，日复一日从不间断。在全城所有的大公司都把他拒之门外

的情况下，他并没有选择放弃，而是又敲开曾经在一个月前访问过的第一家公司，从头再来，而且他甚至两三次地去一家公司，但这样一个孩子谁都不想雇佣。洛克菲勒受到很大的挫折，而巨大的挫折反而使他的决心越来越坚定。1855 年 9 月 26 日上午，他来到在一家从事农产品运输代理的公司里，老板对这个孩子写的字仔细地看了看，然后说："留下来试试吧。"并且让洛克菲勒脱下外衣马上工作，但老板没有提工资的事。直到 3 个月后他才收到补发的第一笔微薄报酬，洛克菲勒也就拥有了第一份工作。这也是他不知被拒绝多少次后得到的工作，9 月 26 日也成为他一生的"就业日"。在他庆贺"就业日"时，他的热情甚至胜过他的生日。

就像前面所说的，执行力决定着成败，洛克菲勒凭着自己强有力的韧性，不管经历着多少挫折都会一直走下去。功夫总是不负有心人，最终他获得了一份工作，从此他开始踏上追求财富的道路，并成为世界上的首富。

从业 30 多年来，乔布斯每天早晨都会对着镜子问自己："如果今天是我生命中最后一天，我会不会完成今天想做的事情呢？"当答案连续多天是"不"时，他会意识到自己需要改变某些事情。

在这样一次又一次的意识产生后，他才会把自己所从事的每一件事情进行改变。而这得益于他在 17 岁时读到的一句话，如果你把每一天都当作生命中最后一天去生活的话，那么有一天你会发现你是正确的。

这句话对乔布斯来说，可谓受益深远，乔布斯就是这样，把每一天都当作生命中的最后一天，而且要把每天的事情都必须做完。在这样的信念的支撑下，让他带领着"苹果"走向一个又一个的成功。作为一个团队来说，如何才能更好地训练执行力呢？不妨做到下面几点：

第一，培养爱岗敬业的团队。当你身入职场，一定要用心去做你的每一份工作，"既来之，则安之"。有一颗踏实的心，你才会更专心做好自己的工作。无论从事哪一项工作，需要团队的每一位员工都要对本职工作充满着热爱，勤于钻研，对工作流程要熟练掌握，与公司、团队同呼吸、共命运，形成团队的合力，以使整个团队的工作效益提高。

第二，培养有组织能力的团队。由于公司的每一项决定或日常的规章制度都要靠团队去组织实施，而提高执行力至关重要的环节就是建立有组织能力的团队。一个没有凝聚力、组织涣散、操作能力不强的团队，是无法提高执行力的。执行力不到位，甚至没有执行力，就会使工作很被动，公司预定的目标也不能很好地完成，甚至会给企业带来负面的影响，无形中就会对企业产生巨大的损害。

要提高执行力，就必须对制度的内涵进行理解和掌握，科学的安排、周密的计划是使执行力提高的关键。提高团队组织能力，团队的每一个成员在任务面前要做到心往一处想，劲往一处使，越凝固的团队合力，就使执行力就越强；而没有团队的合力，就没有执行力。影响执行力的天敌是内耗和斥力，所以在日常的工作中，每一位团队成员都要以身作则，团结同事，整体向前推进，这样才能众志成城，使团队的执行力真正能提高，各项工作得以顺利完成。

第三，打造务实奋进的团队。千里之行，始于足下，不管愿望多么美好，计划多么周密细致，归根结底都要从行动上落实。如果没有执行力，就没有一切。对于公司来说，执行力不仅是个人的行为，它也是团队共同的行为。只有勤勤恳恳、兢兢业业、以身作则、务实奋进，才能使整个团队的工作人员执行好每一项工作。在工作中既要坚持原则，又积极主动；既能承担起责任，又能认真遵守制度，以良好的心态来做好公司的各项工作。

执行力需要人去执行，在一个团队中不但要靠个人的自觉，更要靠团队的领头人去用心训练。当执行的力度深入每个团队成员中，那你的公司也会在成功的道路上一帆风顺。

一流的团队必须有一流的团队精神

团队精神表现为一种精神面貌、一种文化氛围，是一种看得见、感得到的精神气息；而企业的灵魂却是一种看不见、摸不着的神韵。作为一流的团队，应该是神形所兼备的，就像一棵繁茂的大树，根深蒂固，枝叶繁茂。

俗话说，商场就是战场，在当今的社会里，企业成为市场竞争的主体，企业的战斗力、竞争力决定着企业的生死存亡。良好的精神面貌，仿佛是一个企业的冲锋号角，激励着员工奋力争先，勇往直前，最终取得竞争的胜利。

有一幅《两驴吃草》的漫画，其中画的是两头驴被拴在一起，它们的旁边各有一堆草。刚开始时，它们向着自己的方向拼命地吃草，但草越吃越少，范围也越来越小，它们被拴着的绳子限制住了。

面对着自己身边的草堆，两只驴只能望草兴叹。但经过一番较量后，它们有了共识，如果双方互不相让，一直争执下去，它们不管是谁都无法吃到草，结果它们都会饿死。

有了这样的共识，两头驴子决定共同合作。它们先走到一边吃完这处的草，然后又吃另外一堆草，通过彼此的合作，两只驴子的肚子都填饱了。

当驴被拴在一起的时候，已经被固定在一个范围里。在这个范围里，如果想要生存下去，想要发展，就必须要求双方通力合作。两头驴子认识到了这一点，于是就都填饱了肚子。而作为管理者，如何才能建立一流的团队精神呢？应该做到以下几点：

第一，彼此之间要相互信任。当你信任别人做出的承诺，同样别人对你做出的承诺也会充满信任感。在一个团队里，信任是许多团体成员之间唯一的联合基础，而成功的保障就来源于这种基础。不管何时何地，信任度的实用价值都非常重要，它是社会系统里很重要的润滑剂，它的效率极高，使人们事业的成功率得到很大的提高。

第二，留住重要的人才。现代社会竞争的压力，使公司人才流动速度越来越快。虽然各种各样的原因引起人才的流动，但是如果其他公司没有做出升职或是加薪的承诺，却使得你的优秀人才流动，作为领头人的你，就应该对其原因做深刻的思考。

第三，增强团队的协作意识。在才能上，团队成员应该具有互补性，让成员内心的动力凝固成更强的凝聚力和向心力，使彼此达成共识。在没有协作方式和协作意愿前提下，真正的凝聚力很难形成。只有发挥每个人的特长，注重流程，才会从成员的内心形成无以抗拒的凝聚力、向心力，从而保证目标任务按时完成，产生最有效的协同效应。

第四，及时沟通。通过沟通，使团队内部成员的矛盾和冲突得到有效解决，团队目标的一致性得到维护。当针对某一问题进行开会讨论时，如果因为考虑到某些因素，使员工不敢在会议上表达观点，一味地唯唯诺诺，过后才会对别人说"其实他的观点我不同意"。这样的工作方式好比戴了假面具一样，公司团队的团结就会受到破坏，并对工作产生负面的影响。

任何时候竞争都是不可避免的，一个企业要想在激烈的竞争中立足，必须要有一流的团队。团队拥有了一流的精神，时刻激励着员工奋勇向前，就能更稳健地在激烈的竞争中立于不败之地。

向最擅长的领域进军

一个最简单的道理大家都懂，当一个蛋糕分的人越多，分到的份额就会越小，但如果专一地把蛋糕做大，那么自己想要多少就有多少。以此为例，市场也可以创造。作为一个团队来说，应该指引着企业向最擅长的领域进军，将产业做大、做专，这也是在市场不景气时规避风险的一种方法。

我们身边有这样一些人，他们很聪明，很睿智，也很能干，具有企业家的潜质，但往往却被他的聪明和睿智所害。因为贪心，就什么都想做，他做着这个，想着那个，而且不仅想，还会很快付诸行动。这种雷厉风行的做法本来是值得称赞的，但如果对该领域并不擅长，结果就会做什么事也不成功，最后仍然一事无成。

当面对太多机遇时，总会考验一个管理者是否能将一个领域做得专注、专业。其实，就人的一生来说，当用心做好一件事情时，没有做不成功的理由，很多情况下失败不是因为人太"笨"，反而却被聪明所误。

小米专注在手机、电视、路由器几个产品上，其他产品都交给合作伙伴做，因为小米现在的产品已经忙不过来了。

小米的CEO（首席执行官）雷军说："我希望小米是一家小公

司，我看到大公司就头疼。我们原来做金山的时候，把小公司做成大公司，管理特别严格，各种层级……总结、汇报、规划，等我退休几年以后，重新做新公司时候，我觉得这一类的东西都腻味了，所以我们办了一个不洗脑、不开会……不需要打卡的公司，我们一年356天只开了昨天上午3个小时的会，我最烦开会了。"

小米的模式特殊是的用互联网思想改造传统产业，每个细分领域里面都有可能产生巨大贡献的公司。最近做的移动电源特别火，这其实是他们的合作伙伴做的，移动电源小米是不能做的，但他们却想能跟整个产业链合作共赢。于是就把这个行业交给江苏的一家创业公司，这个公司以前的商标是小精灵，现在改成紫米。有机会3年做到100亿人民币，所以在小米看来，只要认为你有想法，能做最优秀的产品，小米就可以帮助你实现梦想。

这就是现在管理者科学的理念，理念总是在不断探索中总结出来的，雷军通过以前做金山的体会，知道以后的企业该如何做。而且他们只专注于手机、电视、路由器，因为他知道，做太多根本就做不过来，但通过产业链可以达到合作共赢。不但成全了别人，也能使自己受益。但下面的这个公司却做得很失败。

这是一家年净利润几百万的水泥企业，最初其管理者只希望能将水泥厂发展成全国知名品牌。但经营5年后，他开始转变思想，觉得单靠产品不能把企业做大，而且一旦行业不景气时，就会让企业面临危机，于是就决定涉足另一个领域。他选择了水暖管材这个副业。觉得都是和房地产行业挂钩，经营起来应该比较顺手。相信水暖管材能给他带来可观的利润。

可能真尝到了甜头，使得管理者彻底转变思想，开始涉足更多的副业。短短几年，他又涉足瓷器制作、木材加工、玻璃制品、塑料制品、石材买卖等七八个领域。当然也取得很好的成就，于是就引发其管理者更大的野心。

天有不测风云，石材买卖市场出现动荡，石材价格出现巨大的波动。而对于石材经营经验欠缺的他，最终被石材市场淘汰，几乎将一半的资产赔掉。危机产生时，如果当初管理者能做到壮士断腕，及时将那些副业舍弃，专注经营一两个领域，他应该有机会翻身。但管理者却过于自信，觉得石材市场是一个偶然的失败，而且此时企业的连锁经营已经很脆弱了。

随着后期资金链的断裂，他所有的企业就像多米诺骨牌一样倒下，就连他赖以起家的水泥企业也没能保住。

这就是一个企业的悲哀，做得太多，太面面俱到，结果最后把一切都赔了进去。很多时候，企业的经营不并能单靠聪明或是能力非凡，还要考虑到经营中的每一个环节，一招不慎，满盘皆输。而这个企业的领导者正是犯了这样的错误，让企业走上了不归路。作为管理者，如何才能让企业做得更专一呢？

第一，必须要准确定位。在专业经营中，最致命的现象就是追求市场的绝对占有率，下至最低产品，上至最高产品，眉毛胡子一把抓。而企业的资源却是有限的，如果用有限的资源去做很多事，成功就很困难。只有集中主力，才能让自己的核心竞争力得以发展。

第二，管理者要有创新的意识。企业只有生产出与别人不一样的产品，才能占有绝对的优势。创新有两个很重要的方面：一、创新应该是持续的，不是某一个时间，也不是阶段性的，或是为某个需要。不要因为企业效益不行就要开发另一个新产品，新产品的开发必须要伴随着一切生产、销售和管理等企业运作的全过程。二、创新也必须是全面的，不仅要在技术上追求创新，还要在观念、经营管理、企业文化等方面进行创新。

第三，决策人必须站在创新的最前沿，必须是行业的专家。英特尔的格罗夫、微软的比尔·盖茨都是行业的专家，他们都站到最前沿，并且非常了解行业的未来，一直起着领头人的作用。有相当一部分时间，他们都是和工人一样穿着工作服在生产线边研究技术。

只要把资源集中于适应市场机会的企业核心竞争力上，就会产生更大的效益。但如果盲目地多样化，平均使用资源，就好比是狗熊掰棒子，最终一事无成。

企业管理者必须要把有限的财力、人力、物力等在某一方面集聚，然后力求从某一领域、某一专业进行渗透和突破，形成专一优势。通过逐步积累在特定市场的专一优势，以及不断地开发市场，从而形成明显的竞争优势，使企业顺利度过成长期。当然，也可以在没有后顾之忧的情况进行多元化发展，寻找新的增长点，开发新的业务产品，通过自己在主业上奠定的领军地位，利用多元化发展使企业规模不断扩大，从而跻身世界大企业行列。

用制度约束团队成员，做事应该有理可循

对于企业来说，有一套属于自己的规章制度，才能保证公司正常的运营。制度中对员工该怎么做、不该怎么做都做了明确的规定，任何员工触犯后都会受到处罚，就好像是标明了哪里会有"热炉"，碰到它就会受到处罚，只有这样才能不徇私情，令行禁止。

但是"绝不手软"并不是要滥施权力，通过粗暴蛮横地对待员工来让自己的威信得以提高。在处罚员工时应该有充分的依据，要解释清楚为什么公司要制定这条规章，采取这样的纪律处分的依据是什么，以及得到这个处分后会达到什么样的效果，关键是一定要公平。

从创立公司开始，英特尔就对"制度"非常强调，处处都规定得很清楚。最明显的例证就是每天早上的上班制度，在英特尔，每天从早上8点整开始上班的时间，8：05分报到后，以后就要把名字签到"英雄榜"上，否则就会背负迟到的"罪名"。即便你前天晚上曾加班到半夜，当天仍然要在上午8点准时上班。这与20世纪70年代盛行于美国的个人享乐主义是背道而驰的，但该制度延续至今却始终如一。

英特尔拥有一整套透明的公司管理制度，从制造、工程到财务，

甚至行销部门，每件事都要规范清楚，用这些规范作为每个人的行为准则。许多公司重视人性化管理，以重视员工为口号，而英特尔却注重企业自主管理的经验和方法，坚定制度胜于一切。这使英特尔创造了独树一帜的企业文化。

对于一个企业来说，一套完备的管理制度就能形成良好的管理风格，使人们能在制度的约束下知道自己该怎么做、不该怎么做，合理的制度体现的是公平，奖罚应该做到有理有据。

有"经营之神"之称的松下幸之助，在1945年时就曾提出："公司要发挥职工的勤奋精神。"他不断地向职工灌输"群智经营"、"全员经营"的思想，这种思想认为："松下的经营是用全体职工的肉体、精神和资本集结成一体的综合力量进行的。"

为打造坚强的团队，直至20世纪60年代，在每年正月的头一天，松下公司还会由松下幸之助带领全体职工，头戴头巾，身着武士上衣，挥舞着旗帜，把货物送出去。当几百辆货车壮观地驶出厂区的过程，被每一个工人目睹时，心中的自豪感油然而生，也为自己是这一团体的成员而感到骄傲。

对于一个公司来说，制度可能是硬性的，但执行起来却是灵活的。松下幸之助并没有把这种制度用明文规定出来，而是用一种精神慢慢地去熏陶，并慢慢深入每个工人的心里，让工人们为自己在这样一个团队、遵循这样的理念而自豪。对于一个公司来说，如何才能贯彻好公司的制度呢？

第一，企业应该减少其领导行为，使企业员工更多地参与到新发明、新创造的过程中来。对于企业来说，每个员工都可以创造出奇迹，所以完全可以依靠他们的能力和悟性将问题解决好，并不断地使自己的创新技术得到推广。

第二，建立的体制和制度人性化。积极发挥员工的积极性和创造性，强调双向地进行沟通，充分发挥员工的创造力，实现自身的价值。

第三，尊重员工创造自我价值的意愿。每个人都有实现自我价值的意愿，对于企业来说，员工的创造力才是企业的真正财富。如果员工的价值得到体现，素质达到一定的水准后，也就充分具备了自我管理的条件。

第四，企业需要把程序化的东西固定下来，形成流程、制度或规定，并在落实这些流程、规定、制度的同时，对员工不断地进行指导和培训，使员工的主动意识和技术水平不断提高，以便于员工更能应对非程序化问题以及程序化问题出现的新情况，可以让管理者有效地在旁边组织、协调、计划、控制。

制度这个概念并不新鲜，应该在企业建立的初期就同时建立并实施执行的规章条文。一个企业制度的完善与否，直接影响到企业日常工作和管理执行的落实情况。虽然企业必须要有一个良好发展的外部环境，但企业内部管理是任何外部环境改善所无法取代的，所以企业必须要练好内功，固本强基，追求管理效益，在管理中求发展。

企业内部管理的要义在于内部管理的制度化，但凡成功的企业都有一套系统、科学、严密、规范的内部管理制度。所以企业应建立让员工自觉遵守的管理制度，并要在大家认可的企业价值观基础上，再去引导、约束员工，做到有章可依、有理可循。

第四章
你要会用权：授权和监督是管理者的左右手

管理是一种让别人高效工作的艺术，把工作委派给别人去做，是管理者的一个非常重要的职责。对于管理者来说，授权和监督是左右手。要深解"用人不疑，疑人照用"的含义。及时了解员工回馈的信息，不要轻易放走培养出的"将才"。

适当分散权力，不要让自己压力过大

美国麻省理工学院的摩文经过调查发现，多数成功的领导人有个共同之处，就是最大限度地利用下属分散权力。如果领导者适当地把权力下移，就会使权力中心更向基层接近，下属人员的热情更容易被激发。

作为带领下属完成目标的人，管理者不是只依靠个人的能力实现目标，而是要通过大限度地调动和挖掘下属的积极性。管理是一种让别人高效工作的艺术，最佳领导者的权力运营手段是抑制而不是放纵自己的权力，需要通过对下属授权、培养、运用并以参与式管理来实现。

红蜻蜓集团董事长钱金波曾说过：红蜻蜓的发展大致可以分为三个阶段。第一个阶段是 1997 年时，我放下财务审批的权力，邀请他人出任公司财务总监，把全部的家当交给他人管理。当时有很多人不同意，觉得钱是企业的命脉，把权力交出去，这不是开玩笑吗？但我仍然坚持这么做，因为企业小的时候，老板一支笔可以对付大小账目，但企业大了，老板再一个人去掌管财力，一支笔就有些力不从心了。所以我现在放下财务预算一支笔，让我们的财务总监督管理，这样许多事情不会把我缠住，我的思路就会更开阔，可以思考一些战略方面的问题。

第二阶段是主动让出总裁的位置。我感觉到企业在壮大，而如何对得起股东，对得起 5000 多名员工和 2500 多家终端客户……我聘请了他人出任集团总裁，把企业的日常管理事务都交给他，这样我就有 50% 的时间去寻找和发现人才，哪一个符合红蜻蜓企业理念的人，就会高薪聘请他。

第三阶段是在三四年内，将让出目前董事长职位，重新回到大股东的角色。

一个优秀的管理者，总会具有前瞻的目光，他不会着眼于眼前的利益，而是把目光放得更远。管理者适当地把自己的权力下放，不仅能为自己赢得更多宝贵的时间，使自己摆脱压力过大的困境，而且还为企业赢得更多的人才和发展机会。

有这么一个分公司总经理，以前曾干过多年的销售，他是一位非常勤奋的人，常常夜以继日地工作。但他带领的这个分公司的整体业绩却很不理想，而且在所有的分公司里，他的团队人员流失量最大，他也成为被其下属向总部投诉过最多次的分公司老总。

这位分公司总理觉得很委屈，怎么也想不通为什么会陷入如此境地。后来总部经过对这位分公司总经理的工作内容和各类工作的时间比重进行了解，终于发现其问题所在：首先每天所有的时间，这位分公司的经理都用在跑业务、做销售上，对员工的工作却很少过问，当然沟通和交流就更谈不上；其次，在工作中喜欢找员工的缺点，责怪他们这里做不好，那里做得不到位，每个员工的缺点都不懂带团队——
>>>> 你就只能自己干

有一大堆，所以在他的眼里所有的员工都是"坏人"，需要进行好好管教；再次，他觉得员工的工作干得不好，所以基本上一切活都是由他自己一个人单干，员工们就没有机会做自己本职工作。他自己只能没白没黑地单干，却导致员工们与他离心离德，当然也就容易流失。

作为管理者，如果只是一个人盲目地蛮干，只能是费力不讨好。为了能高效地运营权力，领导者必须寻找一个载体，这个寻找并使用载体的过程就是用人的过程。用人是管理者的关键。在很大程度上，用人的科学性就是管理的科学性。管理的艺术就在于你如何用人，不妨借鉴以下做法：

第一，在培养下属的成本方面，要想最大限度地减少培养人才的机会成本，一定要善于识人、用人，把好招聘关，最大限度地减少培养成本。对下属过分地培养是人才招聘工作的失败。如果能把更合适的人才放到合适的岗位，是比培养下属更好的方法。

第二，给对方施展才能的舞台是培养下属最好的方式。把更广阔施展才华的平台赋予他们，让其接受更良好的培训机会，给员工最合理的薪酬、最耀眼的光环、最无忧的生活支持，当然也需要最有弹性的约束机制。如果下属得不到展示的舞台，你也不会知道他将会走得多远。对于那些能力差、不敬业的下属，如果下功夫、花精力栽培他们，那是纯属于浪费。企业的目的就是为了赢利，对于与其成本和效率不划算的事态，企业应该坚决避免。对于不合格的员工应该辞退，但同时也要注意到，在没有鉴别下属能力高低前，最好不要将下属于轻率地开除。

第三，要控制好人才的效益。企业的招聘、培养、用人是一个
连贯的过程，三者都不可或缺。但在实际工作中，往往三者不衔接，
流程方式不科学，信息不对称，使目前大多数企业培养下属的工作
成为企业资源的浪费。

对于管理者来说，科学的管理应该做到如何适当地下放权力，
积极地激发起员工参与管理的积极性。这不但能使企业不断地注入
新的生命力，也会让管理者走出压力过大的窘境。

"怎么干活"是员工的事，"怎么分配"是你的事

把工作委派给别人去做，是管理者的一个非常重要的职责。然
而，并不是每一个身居管理位置的人都能自然地产生委派给别人做
的能力。

很多情况下，虽然管理者对工作进行了分配，但对下属的情况、
工作的情况却并不完全了解，于是就把工作分配给不适当的人去做，
最终产生了不好的结果。当发现浪费很多时间后，只能自己卷起袖
子自己亲自去做。这样不但是浪费时间，也是对人力资源的浪费。

张瑞敏喜欢授权，将具体化的事交给下面的人做。海尔的各部
门都是独立动作的，只有一把手归集团管理。一把手由集团先任命，

通过一把手提名组建领导班子后，再由集团任命副职和部委委员。一切分配完毕后，只有质量论证、项目投资、资金调配、技术改造等这些大事由集团统一规划，其余均由各部门自行管理。

各部部长也非常习惯于授权管理，由于集团已经有了管理"模块"，有一套很完备的管理规程，只要用心去领会，根据自己的实际情况适度发挥，就能很容易掌握各部门的情况。张瑞敏非常相信他下面的那些年轻的老总，一年几亿甚至十几亿的资金都从他们手上过。

张瑞敏通过授权，有更充足的时间对战略性层次的问题进行考虑。当然放权并不等于"放羊"，张瑞敏设立了严格的监督制度，以保证放权后的工作质量，明确权力与责任的统一。没有强有力的监督，放权就变成"放羊"。而授权本身就带有监督的意味，必要的制约、监督是对下属的一种关心和爱护。上级给下属一定的权力，只有在一定的监督下才能使下属有相当的行动权和自主权。

张瑞敏明确地提出确立监督机制，特别强调两点原则：一是各位法人要自律，必须有非常严格的自我约束；二是要有控制体系。海尔在中层干部考评方面是由各公司负责实施，并把考评结果公布在办公大楼比较醒目的地方，本着公正、公正、公开的原则，对各公司负责人进行考核，并由集团负责。

张瑞敏把放权和责任绑在一起，从管理者到员工都负有不同的责任，也同时享有应有的权利。这使得干部和员工的积极性得到充分的调动，并给管理者减轻了负担，通过权与责的统一，达到了

"管人于无形"的效果。

1998 年 4 月，摩托罗拉（中国）电子有限公司，推出了"沟通宣传周"活动，并向员工介绍了公司的 12 种沟通方式，例如：对公司各方面的改善建议可以用书面的形式提出，全面参与公司管理，畅所欲言；保密的双向沟通渠道，员工可以对真实的问题进行投诉、建议或评论；总经理座谈会：定期限召开座谈会，使员工们的问题在当场得到答复，对有关问题的处理结果在 7 天内予以反馈；报纸及杂志：《移动之声》、《大家》等杂志可以使员工们及时对公司的大事动态及员工生活的丰富内容进行了解。

另外，公司每年都会直接与员工沟通对话，向员工代表介绍公司经营状况、重大政策等，并由总裁、人力资源总监等对员工代表提出的问题进行解答。

一个公开、民主、灵活的企业，总是在各种资源的分配上显现着与众不同的方式，摩托罗拉通过各种与员工的沟通方式，不但使员工们增强了对企业的信心，更好地做好自己的工作。一个管理者如何才能更好地把工作分配好呢？

第一，分析目标。通过对目标深入分析，对所要完成任务的意义以及人员配备、资源支配活动等进行明确公示，也就使得现实目标所必需的人力、物力、财力、时间、信息等必备的条件得以明确。

第二，制定计划。在制定工作计划时，要对上级、同事及下属的意见进行广泛征求，每一项计划都要经过可行性研究，尽量使主观能动性得到发挥，考虑采取用哪些方法才能把既定的目标变为实际的执行力。

第三，选人任用。选择人才，善用优势，有大略者不问其短，有厚德者不非小疵，不同个性的人要安排适合于其个性与才能的工作，扬长避短，让个人的才智得到最大限度的发挥，以避免人才的浪费。

第四，明确标准。对工作结果要明确认知，通过分析任务的要求，对所要达到的结果有一个统一的标准，对工作内容要进行详细的解释，并要让对方完全了解；对时间的进度应严格要求，根据自身的情况，让员工制定时间表，掌握节奏与进度，并有一定的自由度。

每个人的能力不一样，员工们才干的发挥程度就在于管理者是否会分配工作。一个好的管理者，总会有识才的眼力，充分利用员工的价值，为企业创造更高的效益。

如何看待"授权虽好，但在员工做不到位时也要及时回收"

授权作为一门管理艺术，是成功管理者的必然选择，否则就会使管理者永远身陷于烦冗的事务中，当然就无法使事业做大做强。成功的管理者要学会积极有效地授权，自己该做的事要做，属于下属做的事应该安排他们去做。授权授的不仅仅是权力，也意味着责任。不管管理者采用什么样的方式授权，这个原则必须要严格遵循。

现代企业制度的建立，使管理活动更具多变性和复杂性，管理者个人的知识和能力难以实现优异的领导绩效。善于授权、讲究授权艺术也是现代管理领导艺术的重要特征。不会授权、不懂授权，就会使企业组织要么过于集中权力，要么使权力过于分散，甚至会使权力关系混乱，使管理者的权威和管理活动的效果受到影响。

A 企业是一家大型硬质合金集团，经过 10 年的发展，已拥有员工 120 多名。企业不断扩大规模，他的创始人刘远觉得自己的压力与日俱增，精力和时间根本不够用。于是有人建议刘远聘请两个助手。但他却存有疑虑，因为在当地像他这样的企业公司有很多，如果聘请副总帮自己进行管理，可能在日后培养出竞争对手。即便他们不会"背叛"，刘远也担心在分权的情况下失去对企业的控制。但为了企业的发展更快，刘远最终还是聘请了两名副总。

在分配权力时，刘远首先对本企业的生存需求特点进行分析，觉得企业的核心资源之一是"客户关系"，也是企业生存的关键。所以刘远把行政、生产两个次要资源部门分划给两位副总，而自己紧抓销售和财务。

授权而不放权，刘远在授权的同时制定一系列的制度，以加强对事务的控制力。如汇报工作，规定哪些事情必须由两位副总进行汇报，如果汇报不及时就会受到处罚。为了避免副总会由此产生的不信任感，刘远在实际工作中从不主动过问他们的工作上的具体事务。

经过一段时间的平衡过渡，刘远日常事务性工作大大减少，他将更多的精力放到企业长远发展及人员选拔这些更应该由总经理做的事情上来。

从以上案例中我们可以看到，一个优秀的管理者应该懂得如何去授权，制定一系列的制度，加强对授权的控制力度，这可以起到事前预防的作用。如果等到觉得下属做不到位时再想着收回权力，就会使授权的力度大打折扣。也就是为什么说授权是管理者的一门艺术。

《明史·魏忠贤传》中记载"内外大权一归忠贤"，魏忠贤把持朝政时，从上到下基本都由他任意夺。他不但握有军权，同时经济大权也掌握在手，而这一切都是其主对权力的放弃。

明熹宗有个特殊嗜好，自己特别喜欢做木工活。虽然明熹宗对朝政不感兴趣，但做起这种事来却非常投入。当他在做木匠活时，非常讨厌有人对他进行干扰。这时如果有大臣奏事，会让他感觉很不耐烦。

摸准他这一特性后，魏忠贤偏偏会在此时把奏章送上去，当然就会让明熹宗把事情全部交给他处理。长此以往，明熹宗就被魏忠贤架空了。皇帝对国家的控制权也就逐渐落到魏忠贤的手里。

明熹宗是一名不合格的皇帝，而且他因为爱好简直失去理智，随便将国家大权交给自己的太监去处理。在经过长久的不理朝政，权力慢慢集中到魏忠贤的手里，结果自己最终被别人架空，从而失去自己的权力。这是很值得现代企业管理者思考的。作为管理者，如何才能做到有效地授权呢？

第一，不能重复授权，而且授权时必须明确到具体的个人，不能含糊其辞。企业管理者或许在授权时是无意的，只是在口头上随便讲讲，但是下级员工在管理者语意不明确的情况下，都以为是管理者交给自己的任务而开始工作。这就容易出现双头马车，使企业的资源造成不必要的浪费，甚至会导致员工之间不团结。所以企业管理者授权时一定要清楚明白，千万不能出现重复授权的现象。

第二，给予下属充分的信任。要相信你的下属能够办好事，信任具有无比的激励威力，也是授权的支柱和精髓。对员工来说，在信任中被授权是一件非常快乐而富有吸引力的事，这能极大地使员工内心的成功欲望得到满足。信任会使员工无比自信，激发自身潜力，促进员工的积极性。

第三，要将权力和责任同时进行。授权应该是将权力和责任一起交给下属，当下属改变其职责时，必须要有相应的权力。如果只有责任而没有权力，就无法激起下属的工作热情。如果处理职责范围内的问题也需要向管理者不断请示，就会造成下属的被动。如果只有权力而没有责任，下属就不能恰当地利用权力，会因为滥用职权而增加企业管理者控制的难度。

第四，要进行及时反馈与控制。对于不能胜任工作的下属，要及时更换；对滥用职权、严重违法乱纪者，要及时收回权力，并予以严惩。如果因为客观原因而无法使工作按时进展，必须进行适当协助。

对于管理者来说，授权就像踢足球一样，教练必须要根据每位球员的特点为他们安排合适的位置，对每位球员在球场上的职责要明确。在比赛的过程中，要根据球员在场上的表现，及时进行换人、换位，并要提醒队员上场应注意的事项。对全场比赛做到有效控制。像这样的授权才能使企业管理者做好管理工作，被授权者才能取得优异的工作绩效。

培养"将才"不容易，不要轻易放走团队里的精英

《论语·卫灵公》曰："工欲善其事，必先利其器。"对于一个团队来说，人是创业成功的利器。如果一个团队里没有顶尖的人才，不管团队如何组织严密、凝聚力再强大，这个团队也不会有长足的发展。

根据普华永道公司最近对一些金融服务公司的调查显示，97％的首席执行官认为，招聘到人才并使核心人员久留，对保持公司长期可持续发展至关重要。而有51％的首席执行官认为，招聘到正好具备公司所需技能的员工是一项具有重大贡献的挑战。在这方面他们感到困难重重。

沃尔玛创立事业之初采取的用人原则是"吸纳、留住、发展"。萨姆·沃尔顿当初为争取后来成为沃尔玛首席执行官的大卫·格拉

斯加盟，曾前后花了12年的时间，以百折不挠的精神来游说他。这种虔诚的精神终于感动格拉斯加盟沃尔玛，并于1984年出任沃尔玛总裁。

而现在沃尔玛的人力资源战略已发生转变，"留住、发展、吸纳"成为其用人的基本方针，也就意味着沃尔玛更加重视从原有员工中培养、选拔人才，而不是在人才匮乏时一味地从外部聘用。沃尔玛的人力资源战略已经越来越侧重内从内部挖掘人才。

对于一个企业来说，人才有着战略性意义。而成功的沃尔玛更意识到，只有留住人才，才能为企业提供更充足的动力，所以会不断地从内部挖掘人才。

三星公司从1975年开始就严格实行人才选拔制度，其对人才的选择并不是根据其学历的高低，而是看他实际的工作能力。对于从实际工作中涌现出来的优秀人才，三星会毫不犹豫地进行提升。

当职员被录用后，公司会不惜花费大笔资金把他们培养成为对公司有用的人才，并给他们安排合适的岗位，赋予他们权力和责任，以便使他们能发挥各自的能力。在生活上，三星也会给予他们丰厚的待遇。三星集团往往给他们安排终生职业，使他们深切感受到"三星就是家"，真正融入三星这个大家庭中。

能为职工提供家一般的感觉，这是三星最难得的可贵之处。对于一个人来说，家是最让人有安全感的地方。有了安全保障，才能使员工们工作起来没有后顾之忧，更用心地为公司出力。如何才能不让人才流失呢？应该做到以下几点：

第一，知人。古语说，为治以知人为先。知人善用，知人即识人，识人才能把人的才智发掘出来，这应该是首要的。"得人之道，在于识人"，识人重在于考察和观察，察德能、观言行。对于管理者来说，识人是一种能力，须知，世上先有伯乐，然后才有千里马，所以人们会感叹"何世无才，患人不能识之耳"。

第二，爱人。人才是最稀缺、最宝贵的资源，也是团队的核心竞争力。只有对人才珍爱，才会培养人才。在人才的成长过程中，当遭受到挫折、失败的打击时，容易成为一个脆弱的个体，所以需要对人才进行保持、关心、引导和鼓励，为他们担当，帮助他们走出迷茫而不至于沉沦下去。

第三，用人。要用对人才，充分发挥其效用，使"人尽其才，物尽其用"。用人要取其所长，避其所短。用人还要做到容人，容其所短才能用其所长。用人不能刻薄。所以有句话这样说："用人不宜刻，刻则思效者去；交友不宜滥，滥则贡谀者来。"

第四，育人。人生虽不过百年，但有句话却说"十年树木，百年树人"，也就是说培育人才是一件很不容易的事。育人如育苗，要浇水，要悉心栽培。育人关键在实践，要率先垂范，言传身教，以育人的方式带人，才能更好地把人带好，进而将团队带好。

第五，用人。用人者必先要赢得人心，只有将人心留住，才能把人留下，留人才能引来更多的人。所谓"筑巢引凤"，要想网络天下人才为己所用，就必须先创造一个良好的环境来吸引人才，营造尊重人才的氛围，搭建平台使人才得以施展，提供人才所需要的土壤，形成人才的激励机制。

第六，以事来聚人。聚人、聚财、聚智、聚气、聚势，"集合众智，无往不利"。聚人就需要团结的力量，以聚求变。

对于一个团队来说，人才是竞争的动力，而培养一个人才不易，所以，对于你团队内的精英人才一定要保护好，不要轻易将其放走。否则不仅会使你的团队造成损失，也会给你的竞争对手添砖加瓦。

用人不疑，疑人照用

人们一直把"用人不疑，疑人不用"作为管理中的重要原则，管理者如果让别人办事时，必须要授予足够的权力，否则将会事半功倍。但权力下放后缺乏有效的监督，也会给企业带来很大的危害。

古语说"用人不疑，疑人不用"，但在当今企业管理中已经衍生了更多的词，"用人不疑，疑人照用"、"用人需疑，疑人需用"，对传统的观点做了颠覆，而这些观点的派生也并非是全无道理的。

每个人都有缺点和优点，当优点大于缺点，真正会做事，能把事办好，这样的人可以做到"用人要疑，疑人照用"。然而下面的这位可就没那么幸运了。

4 年前，张老板聘请了一位销售主管。此人一到公司，他的销售才能就充分展现出来，将公司的产品销往大半个中国，公司的效益很明显地得到提高。在老板面前他显得特别谦恭，为人特别低调。不但能做好自己分内的工作，而且还能帮助张老板处理好公司的其他事务，对员工们也非常和气，使得员工们非常尊重他。因为对他的欣赏，张老板很快就把他提拔成公司的副总兼销售主管。这样一直干了4年，也使他的年薪从几万涨到十几万。

因为双方配合默契，张老板一直没有对他产生过怀疑。但慢慢地张老板发现，他的一些老客户一直在流失。后来他才知道，原来这位销售主管几年来一直在运费中拿回扣使销售成本提高，从而使客户的负担增加，导致客户纷纷流失。后来因为张老板已对他产生怀疑，就坚持将他辞退了。

没想到在辞退这位销售主管后，张老板竟面临更加被动的局面。由于公司的销售工作一直都是由他主管，所以公司的销售网络也都由他掌握着。他这一走，便立即被别的公司聘用，还把张老板的一些重要的客户给挖走了。而且，他还到处散布流言蜚语，对公司的声誉进行诋毁，给公司造成了很坏的影响。

这位张老板就有些太粗心大意，只是从他日常的工作中的表现，以及做出的业绩来识人，没有更深层次地去考验他的品德，便将公司重要的权力毫无防备地下放给别人，结果却让自己很被动。作为团队的管理者，如何对自己的下属做到"用人不疑"？

第一，合理授权。授权就意味着领导者将其所属的权力一部分授予下属，让下属能获得完成任务所必须的条件，而授权也意味着赋予下属相应的责任。对于领导者来说，授权本身就是一种艺术。

第二，授权要有合理的导向。领导者要根据下属的能力、潜力、兴趣、发展方向，进行意向性的岗位选择。这种选择要有较大的自由度，领导者要对环境的作用进行充分考虑，要对个人的兴趣给予理解和支持，注重下属个性的发展，并要促进个性与共性有机的结合。

坚持合理的导向，可以使下属与环境和工作相适应，而不是让环境和工作去适应人。随着时代的发展，人们越来越关心"和谁在一起工作"，而不是"自己干什么工作"，对工作能否发挥自己的才干的关注度已经高于工作报酬的多少。

第三，讲究时效。领导者能用多少时间，在什么样的环境下使人才发挥更大的作用，取得的效益也更明显。所以讲究时效的用人原则具有三层含义，一是用人贵在及时，不能久拖不决；二是能否录取被用者，一定要有强烈的时效观；三是坚持不用多余的人。

第四，结构要合理。用人是否得当，要看其所在的群体结构中的位置，并通过最佳的优化组合使各个偏才集中，然后共同组合成全才，达到量才适用，人尽其才，才尽其用。做到结构合理，这就要求团队的领导人使群体结构具有组织的自我调节功能，有利于人才的自我训练和自我更新；同时，还要按组织的目标，让组织结构在动态过程中实现优化。

对于管理者来说，如何用人关系着企业的生命力，稍有不慎就会使企业陷入困境，所以一定要先识人再用人，并在用人的过程中制定一些有效的约束机制。

员工及时汇报和回馈，是工作顺利进展的保证

学会照镜子，这对一个优秀的企业来说很重要，员工是企业最好的镜子。通过照镜子，企业可以很清楚地知道自身的真实情况，包括管理的好坏、运营情况、新政策推行的效果、员工关系等。这样可以使企业检查到内部的忧患，也为日后的改进提供方向。

对于高管来说，要努力克服困难，掌握获取反馈的最大自主权。通过对这种思维方式的培养，提高自己解决问题的能力，以使自己的工作效率和组织绩效得到大幅度的提升。

IBM 企业特别强调双向沟通，不存在领导单方面意向的命令和无处申诉的情况，该企业至少有四条制度化的通道，给职工提供申诉的机会。

第一条通道是与高层管理者面谈。对任何感兴趣的事情，员工都可以选择与高层管理人员讨论，而这种面谈可以由职工自己选择，而且也是保密的。面谈的内容可以包括个人倾向意见、自己所关心的问题等。反映上来的这些情况，将会交给有关部门处理。

第二条是员工意见调查。通过对员工进行征询，IBM 了解员工对公司管理阶层、工资和福利待遇等方面有价值的意见，使之协助公司营造一个更加和谐的工作环境。

第三条通道是直言不讳。在 IBM，一个普通员工所反映的意见可以直接送到总裁的信箱里，员工可以在不牵涉其直属经理的情况下，获得高层领导对问题的答复。

第四条是申诉。员工如果有对于工作或公司方面的意见，应该先与自己的直属经理恳谈。当问题还没解决时，就可以通过这样的通道向各事业部主管、公司人事经理、总经理或任何总部代表申诉，然后由上级进行调查和执行。

一套完备的反馈意见制度，使公司获得大量的信息，使公司在制定以后的计划中作为参考，明确该如何做好下一步工作。而摩托罗拉就在这方面有过惨痛的教训。

美国摩托罗拉公司前任首席执行官高尔文对授权非常重视，他认为授权就要全权放手，让下级管理者的才能得到自由发挥。然而，他授权后忽视了监督，也未能有效地关注回馈，从而导致员工执行力涣散，使摩托罗拉在市场的占有率逐步下降，并在 2001 年出现亏损。

曾经有一次，摩托罗拉重磅推出品质厚重、价格昂贵的"鲨鱼"手机。原本高尔文知道欧洲人喜欢轻巧、简单的机型，但他只在做出决策前对下属市场调查的情况随意问了问，就同意将这款手机推出。结果在欧洲市场，"鲨鱼"手机吃了败仗。如果高尔文和下属注重双向的沟通与汇报，关注回馈，使问题及时发现，并改变决策，也不会使摩托罗拉的"鲨鱼"手机在欧洲市场亏损得那么惨，陷得那么深。

对于摩托罗拉来说，教训是沉痛的。信息的回馈所带来的是市场的需求，只有深入调研，才能使自己推出的新产品被市场所接纳，从而立于不败之地，而管理者执行了错误的决策，使公司陷入困境。作为一个管理者，如何才能更好地得到员工的回馈信息呢？

第一，要建立一个与下级信息联络通道。在职业生涯中，高管有必要放下身段，直接征求下属反馈的意见。这些措施在运用的过程中，高管应该努力增强自己打造关系的"软"技能，包括不耻下问、自我披露和认真倾听。一个优秀的领导者，对于有关于自己的背景、想法以及价值观进行披露，以便提出更好的问题，并成为一个高明的倾听者，这样才能更好地获得反馈信息，并成为一个优秀的管理者。在一些特殊的会议中，应该努力提出更多的问题，多听少说，要明白，哪些问题是让其彻夜难眠的，而更重要的是要征求建议指导，运用这些技术，可以更多地听取自己下属的意见，并将其作为表现自己的一种预警系统。这样对于稳定高层领导团队，帮助高管留住团队成员，使士气得以提高，都有很大的作用。

第二，推动反馈进一步深入。随着高管和其他领导人对自己的下级进行信息沟通不断强化，并与下属建立起了更好的关系，可以在一个组织中使一种范围更广泛的指导和学习的文化扎根。当不同层级的员工看到他们所反馈的意见对高层领导人的行为和公司的行动产生了直接和积极的影响，当然就会更积极地为公司提供反馈信息。高管可以在这种进展的基础上，采取进一步的措施，以获得有关重要战略问题的宝贵意见。世界总是变化无常的，客户的需求和行业格局也在不断地演变着。企业可能很容易偏离轨道，所以反馈的信息对于企业的战略很重要。许多情况下，高层可能不容易意识到外部的变化，而那些处于生产第一线的、直言不讳的员工可以为高管提供一些重要的信息，使高管们对信息进行甄别，从而为企业做出下一步的规划。

对于企业来说，管理者总是在高处，并被圈在一个范围里，很多问题他们是看不到的。而职工所汇报及反馈的意见，却为管理者提供一些可行的信息，以保证工作的顺利进行。

第五章
你要会用人：将人力作用发挥至最大化

　　企业要提高核心竞争力，应建立科学人才选聘机制。对于一个团队来说，管理者的任务就是找对人，并把他们放到对的地方。善用人才也是成熟管理者的标志，所以管理者要学会识人、用人的方法。

为团队营造家庭式的良好氛围

　　企业的运作需要团队的配合，如果没有一个良好的团队，企业良性地发展就会很困难。所以在任何组织中，不可缺少团队的力量。而一个家庭式的良好团队，就会使企业的发展充满着活力。

　　"人以类聚，物以群分"，这种自然的规律古已有之，而在我们的职业生涯中也是如此。只有一个志同道合的团队，才能更有凝聚力，形成家庭式的良好氛围。

　　特步公司总是吸引着来自四面八方蜂拥而至的求职者。这与特步品牌效应的与日增强，企业生活、工作环境和福利不断地改善，经营管理理念的逐步优化，企业文化深入人心是分不开的。特步公司副总裁刘庆先介绍说，自2008年以来，特步公司立足职工关系的基础上，不断开展企业文化，把元旦总结表彰活动打造成"感动人物篇"，即以典型引路，让员工获得鼓舞和鞭策，感受到积极向上的文化氛围。

　　如今，特步公司把每年的"五一"联欢晚会、职工运动会打造成企业文化活动的"运动时常篇"，把赴外文化之旅打造成"阳光分享篇"，把元旦总结表彰活动打造成"感动人物篇"。通过静态、动态全方位的文化活动对特步企业文化进行打造，使特步企业文化历经"树理念—建平台—成体系"的成功战略部署并逐渐走向成熟。在特步，有职工幼儿园，有"特步时空"广播站，有"特步电视新闻中心"，有《特步视野》杂志等。

在特步，棋牌室、台球室、篮球场、图书阅览室和乒乓球室，可谓一应俱全，每天准时免费开放。风味餐厅、小炒店、自助银行、便利超市，这里处处融入特步人的生活，构成一道和谐的"小社会"繁荣景象。

企业的品牌总是随着企业文化的不断深入而得到提升，只有把企业内部做强，才会吸引更多的人才，从而使团队的力量更加强大。因为有和谐"小社会"般的繁荣景象，才会使特步成功战略部署逐渐走向成熟，从而扩大品牌的效应。

有一家知名银行，其管理者对自己的中层雇员给予很多权力，一个月尽管去花钱营销。所以这就会使一些人担心那些人会乱花钱。但事实上，这些员工并没有乱花钱，反而使很多客户得以巩固，其业绩成为业内的一面旗帜。

还有一家经营环保材料的合资企业，总经理与普通员工的办公室一样，都在一个开放的大厅中。每个普通员工在站起来时，都能看到总经理在做什么。员工出去购买日常办公用品时，除去正常报销，还可以让员工得到一些辛苦费，由此也杜绝了他们弄虚作假的行为。

所以，对于团队来说，相互信任对于组织中每个成员有着很大的影响，尤其会增加员工对团队情感的认可。而从感情上互相信任，能给员工们一种安全感，把公司当成自己的，并以此作为个人发展舞台，这是作为一个组织最坚实的合作基础。团队如何才能营造一个家庭式的良好氛围，应该做到以下几点：

第一，要制定团队公约，以增进团队之间的沟通和交流。制定一个能被广大团队成员所接受的公约很重要，以此来要求团队的成员共同遵守团队的规章制度，创造良好的工作氛围。以更充分集中全体成员的智慧和意志，使团队的各项工作有效地开展。

第二，要给团队成员发挥的空间。团队的每个成员都有不同的素质，所以应该根据团队成员不同的个性，为其搭建一个施展自身才能的平台。这种尊重团队成员的形式，会让他们产生一定的归属感。

第三，要用快乐的活动感染每一位成员。通过各种有效的团队活动，让每一位成员都得到快乐，从而化解团队成员之间的隔阂，促进团队的和谐。快乐的思想、快乐的行为用助人的形式表现出来，就会打造一个充满生机的团队。

第四，组成团队共同的"心灵"，使其相互融合和渗透。成功学教父拿破仑·希尔曾说："人类的心灵是一种能量形式，其中一部分的本质是精神的。"当两个心灵和谐时，每个心灵的精神能量都会形成一股吸引力，而组成智囊团的"心灵"。

第五，要为彼此加油助威。在日常的工作中，虽然每一位团队成员都会付出一定的汗水和心血，但业绩总会有高低之分，所以在竞争的同时默默为对方祝福，就会使团队成员之间的关系更加融洽。

情感的累积需要每个成员从点滴做起，良好的团队氛围需要每一位成员用心经营，并学会理解和尊重对方。要增进团队成员之间的感情，不仅要从具体的发展过程中入手，更重要的是从生活中营造气氛，开辟路径，创造一切可以交流和沟通的机会。

第六，运用感情激励法。在日常的企业运营中，增进和调动团队成员之间感情，并将感情激励作为一种机制贯穿始终。

每个人在规划自己的职业生涯时，选择一个良好的团队是迈向成功的第一步。"天生我材必有用"，人只有在一个具有家庭式良好氛围的团队中才能得到更好的发挥，为公司创造更多的财富和价值。所以对于一个企业来说，创造一个家庭式良好氛围的团队，是永葆活力的基础。

将员工安排在恰当的职位上

对于一个团队来说，管理者的任务就是要找到对的人，并把他们放到对的地方，继而鼓励他们充分发挥自己的创意，并出色地完成自己的本职工作。在这个过程中，管理者既应该容人之短，又要用人之长，最大限度地使员工的才能得到发挥，以达到合理使用人才的目的。

在我们传统的思想中，一个人只有持之以恒地修炼，才能有取长补短的胸怀。所以在管理界，木桶理论一直长盛不衰。这也让管理者们看到，员工最短的那块板最终决定他们在团队中能发挥的价值，并将落脚点放到一个重心上思考，如何才能补足这块短板呢？

楚将子发喜欢结交有一技之长的人，并招揽他们到自己的麾下。其中有个有其貌不扬的人，他号称"神偷"，子发也将他待为上宾。

有一次，楚国被齐国进犯，子发便率军迎敌。三次交战，楚军都败下阵来。虽然子发的麾下也不乏勇悍之将、智谋之士，但因齐军过于强大，使他们无计可施。这时神偷便要求出战，他在夜幕的掩护下，将齐军主帅的睡帐偷回来。第二天，子发便派使者还给齐军主帅睡帐，并对他说："我们的士兵出去打柴时，捡到您的帷帐，特地赶来奉还。"

当天晚上，神偷又将齐军主帅的枕头偷来，子发再派人去送还。

第三天晚上，神偷竟连齐军主帅头上的发簪子都偷来了，照样还是由子发派人送还。齐军上下听说此事后，非常害怕，主帅恐惧地对幕僚们说："如果再不撤退，子发恐怕要派人来取我的人头了。"于是，齐军不战而退。

从以上故事可以看出，用人之长是多么重要。在众将士无法施展其计谋时，一个"神偷"却起到了举足轻重的作用，使本来处于优势的齐军甚为恐惧，从而不战而退。对于管理者来说这也是值得借鉴的，要找到每个员工的优势，使他们的长处得到最大的发挥。管理者若想做到因材而用，要做到以下几点：

第一，管理者必须要做到客观公正。对于管理者来说，一定要心胸开阔，对人要宽容，一切从公司的利益出发，对每个人才都不要错过，并要充分利用科学的方法。其实，每个人都不可避免地会有自己的好恶，也会受到偏见和成见的影响，但人才却是冰山一角，其优秀品质浮出水面的只有1/3，如果没有正确的方法，就很难将人才挖掘出来。对人才进行挖掘的方法有很多，如面试、笔试、情景模拟、心理测试、评价中心等，在使用时应该灵活运用。

第二，要将人才放到对的位置上。在日常的工作中，适时开展具有个性化、针对性的培训，培训要补员工之短，培训其所长，使其所长更醒目、更突出。要根据人才的特点，为其提供充分展示自己能力的平台，并让其在公司里实现一定的品牌优化配置，平衡互补，取各家之长，熔于一炉，相互促"长"，相互扬"长"。

第三，企业必须要分辨出有能力的人才，做到知人善任。对于一个人来说，学历只能说明一个人具有某一学习经历，或者说其某一专业知识的可能性，并不能完全代表他会在某个具体岗位上的胜任力。企业可以以学历作为依据对人才进行任用，在随后的考察中要对其能力尽快地进行了解，了解其是否真有能力做好企业所安排的工作。

第四，企业要注意人才品格的修养。如果一个利欲熏心、道德败坏的人得到重用，即便这些人身怀绝技，却自始至终想到的都是中饱私囊，不但不去顾及企业的利益，甚至会利用企业的遮掩大行其道，等到事发时，就会给企业带来难以挽回的损失。好的道德修养、好的人品给企业带来的是无尽的收获。人品好的人总会对工作负责，对企业忠诚。他们不会做为自己谋取利益而损害企业利益的事情，能够全身心地为企业做贡献、献计策、创效益，从而使企业发展壮大。所以，在任用人才和提拔员工时，企业的领导人要对其人品着重考察。对于人品不佳者，即使再有能力也不能录用。

企业的发展与人才的完善是分不开的，对管理者来说，找到每个员工的优势，将他们安排在合理的位置上，也是管理者管理技巧的所在。

给优秀骨干一个发展自我的广阔空间

在一个企业中，骨干员工是指那些能掌握核心业务，拥有专门技能，或控制关键资源，对公司经营管理和战略发展目标的实现起着巨大作用，并且在企业文化的形成与弘扬中占据主导地位的员工。

与一般员工相比，骨干员工具有较高的创新能力和学习能力，务实、积极、忠诚、自主意识强，并拥有独立的价值观和牺牲精神；他们追求成就感，能够创造、发展企业的核心竞争力，从而使企业的经营管理水平和企业的经济效益得到提高。在充满变化和挑战的环境下，企业应该让骨干员工有更好的发展空间，以保证企业的经济效益。

在选人、用人上，林肯总统在南北战争时，任用格兰特将军的案例是十分经典的。在任用格兰特将军前，林肯的用人标准并无重大缺点，但他任命的三四位将军都功绩平平。于是林肯决定选择嗜酒的格兰特将军。

林肯任命他为总司令，但有人却担心格兰特会因为嗜酒贪杯难当大任。在他们向林肯告状时，林肯却说："他喜欢什么酒？我倒想送他几桶。"结果格兰特只用了一年多的时间就把南方的盟军打败。

所以对于管理者来说，要使下属的长处甚至超长处得到发挥，就要容得下其短处，让其有一个自由发展的空间，只要不影响其长处的发挥，对他的要求应该适度地放宽。技术型管理者应该具有开放性、包容性与前瞻性，这也是下属扬长避短最强大的后盾。

由于市场竞争越来越激烈，使得 H 公司也深陷其中不能自拔，销售额与市场份额的迅速下降，导致产品利润持续下滑。公司的领导王总意识到必须马上提高企业的销售管理水平和新产品研发能力，否则公司就难以生存下去。

于是他任命刘先生为公司销售主管，自己则退到幕后，将团队管理全权交给他负责，以全力带领技术团队开发新产品，来增加公司产品的竞争力。刘先生不愧是一名有经验的优秀管理者，他首先进行了一系列改革措施。在充分与王总沟通后，他制定出公司团队的文化价值的方向，以新人新活力代替原来的旧有观念，重塑团队的文化，以使团队彻底脱胎换骨，并迅速壮大。

对于刘先生的一系列举措，王总从不干涉，而是放手让他去干。

有了王总的大力支持，围绕团队文化建设刘先生迅速建立起一整套的招聘、培训、绩效考订和目标管理制度，并对所有的员工严格要求，坚决贯彻执行新举措。

在王总和刘主管的领导下，仅用几年的时间，H公司就在同行业中迅速崛起，成为市场的领军企业。

从以上案例我们不难看出，骨干员工是企业发展的中坚力量，企业要发展，必须使骨干员工队伍的素质得到全面的提升，努力使骨干员工文化素养得到提高，丰富其业务技能知识，使他们有一个能进行自我发展的广阔空间。如何才能使优秀骨干有更广阔的自我发展空间？管理者应该做到以下几点：

第一，要搭建榜样平台，营造典型示范效应。企业的管理者要注重培养和树立员工中的典型，并要对其榜样、先进示范的引领作用进行充分的宣讲，不时地激发全员的学习的热情。要积极地创造条件，发掘身边的模范人物，对员工身边的感人事迹和动人场景进行充分的挖掘，利用新闻媒介和镜头等多种形式，真正让典型"亮"起来、"响"起来。要及时地对挖掘出的先进典型在行业内予以表彰及嘉奖，通过营造良好典型示范效应，促进全员共同进步成长。

第二，要搭建展示平台，彰显骨干员工的风采。把骨干员工的心理素质、群体意识、个性发展、荣誉感、主人翁精神都融于文化娱乐之中，不但可以满足骨干员工发展个性的需要，而且还能造就一个各展其才、各尽其能的良好发展氛围，并使骨干员工高层次的自我价值得到实现，从而使骨干员工能以更振奋、更积极、更舒畅的心情投入各项工作中去。

第三，搭建晋升平台，使员工的积极性得以提高。在很大程度上，骨干员工的发展，依赖于良性的竞争激励机制和企业合理的职业管理。要让骨干员工能充分实现自我价值，不但要为骨干员工提供良好的待遇，也要为他们的成长、提高和发展提供良好的机会，使骨干员工跟得上时代发展与企业发展的需求，让其潜在的能力得到更好的发挥。

要构建一个和谐的企业，管理者要将企业发展的远景目标与骨干员工的培养结合在一起，真正做到以人为本，为骨干员工的成长与发展提供广阔的平台，使企业与骨干员工在成长中共同进步，从而实现真正意义上的双赢。

做好人才储备

为了能使企业在激烈的市场竞争中求得发展，必须要有中坚的管理阶层和优秀的人才。除了外聘，企业应该更重视培养自己的管理人才，从而打造带领企业乘风破浪的尖兵。

企业要想提高核心竞争力，需要建立科学人才选聘机制，营造尊重知识、尊重人才、有利于优秀人才脱颖而出的良好环境，以吸引大批有现代管理理念的高素质人才。对于企业来说，储备人才是人力资源的重要组成部分。

在通用电气，每一位员工都有一张价值观念卡片，其核心价值观念清晰地标记在上面，并时刻提醒通用人坚持诚信、注重业绩。在通用，价值观绝对不仅仅是一种口号，它一直指导着通用的员工，并贯穿于人才的招聘、培训、绩效考核、目标管理等企业经营的每个环节。

在年终考核时，公司会把员工分成四类，并给予不同的待遇。第一类员工业绩突出，又对公司和团队的价值观认同，属于公司的优秀员工，也是被公司竭尽全力挽留的对象，公司会给他们提供更多的培训、普升、加薪等发展的机会；第二类员工业绩一般，但也对公司和团队的价值观认同，对这类员工公司会保护，并给他们第二次机会，包括换岗、培训等，并根据考核结果制定一个提高和完善的计划，然后再进行第二次考核；第三类员工业绩突出，但对公司和团队的价值观不认同，对于这类员工公司不会保护，只要他们违反公司的制度，就会被公司炒掉；最后一类员工业绩一般，也对公司和团队价值观不认同，公司会请他立即走人。

对于一个企业来说，储备人才十分重要。道不同不足以谋，而只有在公司里形成一致的价值理念，才能使得团队更有凝聚力。管理者不仅要想到做好人才的储备，而且也不能造成人才的高消费。

山特维克深知人才储备和培养的重要性，人才储备是公司真正实现可持续发展的根基。作为一家拥有超过 150 年历史的瑞典企业，山特维克集团的人力资源体系在业内一直遥遥领先。

近几年，山特维克在中国区人才管理方面更是频频发力。2011年，山特维克成立大中华人力资源共享中心，以员工热线的方式及时了解员工对人力资源团队的建议和需求，并将招聘和薪酬福利等人力资源工作与该共享中心统一处理，以确保人力资源团队的服务质量与集团的全球统一标准。2012年，山特维克升级大中华区学习发展中心，为员工提供各类培训计划，并在人才保留和发展方面设计了特殊的课程。员工可以根据自身的实际情况对相应的培训计划和课程进行选择，从而实现职业的发展。

山特维克中国区人力资源副总裁冯铎表示："3年来，山特维克始终将革新人才的储备、培养作为推动人力资源工作的重要任务，在开辟中国市场的同时，不断地深化人才战略的本土化。"

山特维克中国区已经在人才的培养、储备与调用上探索出一整套带有山特维克独特的人才战略，有了足够的人才储备，为公司的长远发展提供了有力的支持。企业如何才能更好地储备人才呢？企业应该做到以下几点：

第一，首先要选好人。对于企业来说，引进人才所面临的最重要的问题就是选人，选择人是企业人力资源的一件大事情。选人要符合一定的标准和原则，要选择最合适的人才，而并不是优秀的人才。在选择人的过程中，要根据职务的需要选择合适的人；选择的人学习性强、反应快，要有一定的创新能力，专业性要强；必须要具备敬业、忠诚、团结、认真负责的精神，敢于承认错误并能及时改正。

第二，要协助员工完成职业规划，要与企业命运相关联。要协助员工完成人生职业规划，如工作待遇的提升、工作知识及专业技能的提高，从简单工作向复杂工作过渡，从低级岗位或职务向高级的岗位或职务升迁，以及自身价值的实现等。让职工有向上的奋斗目标，发愤图强以及企业共命运的精神。让职工明白，只有企业强大起来，并不断地发展壮大，才能使职工过上好日子。

第三，要建立和完善企业内部人才培养机制，要根据员工的实际情况和平时岗位的要求，给员工提供适当的培训机会，并鼓励员工学习与工作相关的技能和知识。另外，随着企业的快速发展以及新设备技术的投入运用，会有新的培训需求产生，企业要科学地分析，选择最优秀的途径和方法对这些有需求的人进行培训，建立和完善企业内部人才培训机制，有系统地对人才培训计划进行制定，并要有检查，有落实，有经验总结，使员工能不断进步。

第四，要完善企业内部人才梯队建设。企业是人的经营，更是人才的经营，人才建设的关键是要做好人才梯队的建设，以使企业能够像人延续生命一样，永续地经营下去。人才梯队建设是一项相当有系统、有规划的综合管理工作。

对企业来说，发展到一定的阶段后，如果还想在激烈的竞争中求得持续发展，必须要让企业有正确的战略、良好的组织管理能力，只有高效的人才团队，才能使企业有更新鲜的活力。

学会用人是管理者的必备功课

能够善用人才是判断一个领导者是否成熟的标志，也是判断一个企业的领导者能否为企业"引航前行"，并在波涛汹涌的市场经济中能否取得胜利的关键条件之一。

古人说，善用人者能成事，能成事者善用人。所以不论企业的大小，也不管其管理的员工有多少，凡是做到重用人才，就能使企业健康向上发展，凡是善于聚众之智者，就会使前方一片光明。

在刘邦的集团中，谋士张良是落魄的贵族子弟，汉初三杰之一的萧何是沛主史椽，大将军韩信是讨饭的叫花子，樊哙是剥狗的屠夫，周勃是一个织席编篓子兼作吹鼓手的人，张苍为秦御史，曹参是狱椽，娄敬为车夫，灌婴是小商贩，还有夏侯婴、陈平等皆一般，可以说是什么样的人都有。刘邦却把他们组合起来，用其所长，物尽其力，人尽其才，给予充分的权限和信任。这些人都成为刘邦的重臣，为刘邦忠心耿耿地做事，对刘邦统一天下起到极其重要的作用。

据《史记》中所记载，刘邦登上皇位后，要讲述其战胜项羽的经验时说："夫运筹帷决胜千里之外，吾不如子房；镇国家，扶百姓，给馈饷，不绝粮道，吾不如萧何；连百万之军，战必胜，攻必克，吾不如韩信。此三者，皆人杰，吾能用之，此吾所以取天下。"

这就是刘邦的高明之处，而相比于项羽的用人多疑、刚愎自用、盲目自负，刘邦能以弱胜强取得成功就不难理解了。所以对于一个成功的管理者来说，也应该做到善于用人。

曾国藩的高明之处，是敢于把自己手下的人推荐为担当重任的人，即便是与自己平起平坐也不会觉得有失身份。左宗棠曾在其帐下做参赞军务，而李鸿章却是他的学生。

当曾国藩觉得这两人都有独当一面的才能时，就极力地向朝廷推荐他们担任巡抚。在他的保荐下，两人都得到很大提升。李鸿章离开时，曾国藩把自己一支精锐部队调拨给他，以便于他能在异地迅速地打开局面。由于他的保荐，左宗棠在两年内就升任闽浙总督，与他平起平坐。

一个管理者，应该有开阔的胸怀，不但要识人，还要让人才的优势得到更大的发挥，这样才能使企业永远充满着向上的活力，为企业赢得更好的效益。管理者如何才能学会用人呢？要知道，用人应做到以下几点：

第一，要避其所短，用其所长。这应该是用人艺术的核心。俗话说，"金无足赤，人无完人，瓜无滚圆，人无十全。"世上没有十全十美的人，就拿张良和萧何来说，他们都是刘邦的谋士，为其出谋划策，但如果让他们立马横刀，统兵千万，冲锋陷阵，就比不上韩信。所以"坚车能载重，渡河不如舟"。聪明的领导在用人方面可以避其短、扬其长。

第二，要量才使用，才尽其用。用人如用器。在我们日常生活中，会用脸盆洗脸，用饭盒盛饭，便如果将双方调过来，当然不会有好的作用，反而会带来很大的麻烦。用人当然也如此，不同的人可适合不同的岗位，而不同的工作岗位又对人才有不同的需求，所以要根据不同人的素质安排相应岗位，既要防止大材小用，浪费人才，也要防止小才大用，虚占其位，贻误事业。

第三，要明责授权。如果你觉得他是人才，就应该大胆使用，进而大胆授权。切不可既用又疑，授职不授权。现代企业各种工作千头万绪，一个领导者不可能包办一切，所以一定要充分、大度地使用人才。

第四，要组合人才，集聚效应。人才不仅需要量才使用，更应该合理组合发挥其集聚效应。现实生活中可能有许多人才，但如果把两个经历、能力、性格、资历、年龄相当的人放到一起，很容易就会发生碰撞，从而影响团结；但如果一老一少、一柔一刚、一男一女地加以组合，可能结果就大不一样。所以，领导者在使用人才方面不但要重视个体的素质，还要对其群体结构的合理化进行高度重视。让群体中的个体相互弥补，相得益彰，达到一加一大于二的效果。

第五，要及时淘汰庸才。人非圣贤，孰能无过？在用人的过程中，不管领导得多么高明，都有失误的时候，这并不可怕，关键是当发现愚才、庸才虚占其位时，应该坚决而得法地将其撤换，但不要频繁地对下属进行更换。发现庸才不及时撤换或是频繁地撤换下属，都会使正常的工作受到影响，更甚者还容易产生不良的导向。

管理者要懂得识人、育人、用人、留人，能把这几点搞清楚，就能成为一个优秀的管理者。

有出色能力就够了，不要掺杂个人感情

管理者对与自己的兴趣相近、经历相似、脾气相投的同事多一些亲近，这本是无可厚非的事。但如果在选用人才上掺杂太多的感情，就难免会"爱而不知其恶，憎而遂忘其善"，使管理者处于用错人的被动状态。

管理者需要为公司和团体寻求最大的利益，而往往却因为掺杂太多的个人感情办错事情。该炒的人没有炒，该招的人没有招，这是一种不负责任的表现。所以在用人时，管理者应该以人才的能力作为选用的标准，而不能感情用事。对内，要对每个人都要负责；对外，你的员工就是你的兄弟姐妹。

在公司里，小李工作非常努力，业绩非常突出。他来自偏远的农村，平时总会省吃俭用，衣着也相对朴素。

小林也是公司的一名职员，工作一年半，不太努力，但他为人机灵，业绩也算不错，因为家里没有什么负担，所以打扮也会很

时髦。

　　老板却是一个喜欢时尚的人，所以就会对小林的印象格外好些，但对兢兢业业的小李的印象却一般。当公司的销售部副主管离职后，按理应在他们两个中选择一个来接替他。如果按照业绩考核，小李排在每一位，应该是接任副主管的不二人选，而且也得到其他人的认可。但老板却没有根据制度规定进行考核，却依据个人的喜好任命小林为销售部副主管。

　　后来小林走马上任后，他心里所想的不是如何配合主管将任务完成，却是总在琢磨自己如何讨得老板的欢心。其他员工也看到晋升的捷径，也渐渐地将工作中心转移到如何打扮上，却只有小李还在默默工作。

　　而此后一年的时间里，销售部的业绩竟比往年下降一半，而且大部分都由小李和主管完成。老板意识到自己当初做出的决定是错误的，吸取教训后将小林立即免职，并自我检讨用人不当，也对主管和小李这一年的业绩表示满意，宣布小李为销售部副主管。

　　这就是因为个人感情用事所带来的用人不当而造成的不良后果，也多亏小李算是踏实工作的员工，否则如果当初被挫伤锐气，也跟着寻找捷径，用尽心思去讨好老板，那么这个公司就很容易陷入困境了。所以对于一个管理者来说，在用人时应该以能力作为依据，切不可掺杂个人感情。管理者如何才能不掺杂感情地用人呢？

　　第一，要以德服人。自古以来，管理者和领导都应该以德来树立自己的威信，要做到心正、行正、身正、方正，诚实守信，正气凛然；要有一颗宽大包容的心来对待员工，并且为人处事言出必行，尊重关心下属，以赢得员工们的尊重。古人说，士为知己者死。管理者应该在日常的工作中，除了对自己的品格加强修养外，也要妥善处理好与员工之间的关系。为他们提供成长和发展的机遇，让其铭记领导的知遇之恩，使员工能真正死心塌地地服从你。

第二，要融入团队，不居高临下。很多管理者会错误地认为："我既然是领导者，应该与员工之间保持距离，我的命令他们就必须听，进而奉命执行。"其实，这是错误的观念，一个成功的管理者并不是高高在上的"孤家寡人"，他们应该与团队站在一起，不但要让自己充满着威信，而且还乐于与他人分享。而那些将自己封闭在"自我中心"硬壳里面的人是自私的人，不能使下属心悦诚服。

第三，要学会用人。常言道，会忙就轻松愉快，不会忙就忙得一塌糊涂。有些管理者喜欢一手包揽，这种独揽大权的方式不但使自己忙活得一塌糊涂，而且也会让员工觉得有不被重用和信任的感觉。而将权力授予敢于负责任的下属，是做到了人尽其才，管理也能提高效能。对于能力比自己高的人，不要妒忌，更不要怕"功高盖主"。

管理者在用人时，不能掺杂太多的个人感情，要倡导和谐而简单的人际关系，让人与人之间的关系变得健康而简单，努力构建快乐的工作氛围。管理者要关心员工的生活，鼓励员工追求身心的健康，支持员工开展丰富的文化体育活动，让员工在工作之外放松心情，使员工能够努力工作、快乐地生活。

遇到难管的员工，你也要积极"拿下"

每个企业、团队中出现特别难管的员工是很正常的事情。这些人就是企业管理的重点。如何才能把这些人管理好？张瑞敏曾说，抓住一个点，反复抓，抓反复，抓出一个样板来再推而广之，抓点突破，以点带面，是管理的一个规律。

在如今社会里，高科技日益渗透更多的传统企业，管理知识型员工的问题随之而来。他们有的是如此出色，但他们又桀骜不驯，在给企业带来欣喜的同时，他们也给企业带来烦恼。

从国外留学回来的潘晓明，在北京中关村创建了一家通讯企业。在200多平方米的公司内，他的办公室和其他员工之间几乎是全开放的。"我希望这样能够从距离到心理拉近我们的关系。"

对于许多令公司头疼的知识型员工绩效考核的问题，潘晓明的做法是，每个人或每个项目组什么时候应该完成多少工作量，不会硬性给予规定，而是每个星期在公司的墙壁上将每个人或项目组的工作进度贴出来。

对于这样做的好处，潘晓明说："知识型员工有很强的自尊心，如果看到自己落后，不需要你采取什么样的措施，他们自己就会努力赶上。"而且公司规定，技术性部门实行弹性工作制。在他看来，知识型员工多数从事思维性工作，固定的工作场所和工作时间对于他们没有多大的意义，而他们也更喜欢独自工作的自由和具有张力的工作安排。

他们采取这样的措施。不管每天是上午8点、9点或是10点钟才到公司，员工只需要通过电子邮件告诉他的主管，他已经来了。下班时员工再发一封邮件，把工作的进度说明就可以了。

这种松散型的管理，在很大程度上使员工有更多自我的空间，激发了员工的自我意识，从自身角度来发挥自己的能力，从而为公司创造更多的价值。这是对知识型的员工采取的很好的管理办法。当然，有些员工在没法共处的情况下，也只能让其走人。下面就是一则例子。

林放是公司工厂建厂时的老员工，一直颇受大家的尊重。但随着企业的发展，拓展的业务越来越广，而他自身的能力跟不上，得不到很好的提携。刚开始还行，但后来他的变化却很大，变得非常骄横，性格带有明显的偏激倾向。他极易暴怒，动辄对员工大声呵斥。有一次，他在总部召开的管理人员会议上公开说："我的工作不需要任何管理人员的插手，我可以自己搞定。"

不少部门的经理都向人力资源部抱怨，林放的态度使他们难以忍受。他不仅对部门经理粗暴，对基层员工的态度也很放肆，给员工的士气带来极为不好的影响。张丽丽作为人力资源部的经理极其为难，多次对他进行规劝。他不但不听，而且时常会顶撞她，跟她对着干。在没办法的情况下，张丽丽只能向总部反映这种情况。后来在一些总经理的建议下，让林放提前退休了。

在企业中，管理者总会遇到一些居功自傲、难以管制的员工。对于这类员工，在与其进行沟通后无法奏效的情况下，也只能交由上司处理，以免让这样的人影响到团队的士气，影响到团队的战斗力。当管理者面对难管的员工时，如何才能搞定他们呢？

第一，必须先对这类员工的特点进行了解。以知识型员工为例，他们可以凭借自己的能力和专业知识，独立于特定机构之外而获得聘用。因为他们有着特立独行的性格，所以工作流动性较高。当看到工作环境不能与个人职业生涯相吻合时，有的人就会很快离开。由于这类员工尊重他人，同时也希望得到他人的尊重和信任，对这样的员工采取恐吓管理和不讲方法的批评是无效的。

第二，用适当的薪水加激励留住员工。对于企业来说，员工的流失是非常严重的事情。而造成员工流失的原因，除了对薪酬福利、公司状况、工作内容、个人需求等"硬件"因素不满意外，"软件"也是主要的原因。双方能继续合作，信任最关键。管理者要让员工明白，公司会提供给他们发展的机会。员工在不断发展自己的潜能的同时，定会获得利益。

第三，要利用好管理者手中的权力。对于员工来说，能投入某家公司，薪金固然是重要的原因，但获得成就感才是最大的吸引力。如果因为理念不合，员工的创新意识总得不到上级的肯定，或是必须层层上报，这种冗繁的管理方式，会让许多员工急不可耐地提出异议或辞呈，从而寻找理想的合作伙伴。管理者还要帮助员工理解公司的战略方向，包括公司未来有什么变化，公司最需要的是什么，面临最大的挑战是什么，以及这些战略如何与他们所做的工作相关联的。

第四，实行分散式管理。实行分散式管理，而不是等级制的管理，是解决员工管理问题的好办法。这样可以使员工积极地参与决策，尤其是对于初出茅庐的员工，有些员工虽然有创新的技术，但因为工作经历尚浅，公司内部应该有很好的信任和帮助机制，让他们放心工作，使一些优秀的人才对公司产生向心力。

在公司中无论存在几种类型的员工都有合理性，所以在处理难管员工时，管理者一定要进行区分，利用经验和正确的处理方法合理地加以解决。从某种意义上说，也是因为有各种类型员工的存在，才使得团队不会是一潭死水，让企业变得更有创新性，并充满活力。

第六章

你要会沟通：顺畅的交流让团队运行更高速

在如今的新形势下，人性化管理越来越被企业所接受。企业要建设与时俱进、开拓创新的企业文化，并不断进行改进，以增进员工之间的交流。管理者要有宽厚包容的心态，不能乱发脾气，及时疏导员工的负面情绪，让企业充满和谐的气氛。

懂得人性化管理，你才是合格的领导

在如今的经济时代，人们受教育的程度不断提高，也不再单纯地以劳动作为谋生的手段。他们追求更具有多样性和广泛性，以实现人生价值作为工作的目标。而管理者也应该不断地变革管理方式和方法，在管理的过程中使劳动者在物质和精神方面的需要不断得到满足，并对劳动者有充分的了解和尊重，使人性化变得更加突出。

人性化管理充分体现了以人为本的思想，具有很强的实效性和操作性，也被越来越多的企业认同和接受。

日本的中小型企业的社长是这样上班的，他们往往会很早就来到公司，并站在工厂的门口迎候员工，同每一位上班的员工打招呼问好。即使会遇到迟到的员工，他们一般也不会声色俱厉地进行训斥或批评，而是很和蔼可亲地问对方，是否今天早晨家里发生什么事，是否遇到困难。如果遇到困难尽管说出来，希望能让公司帮得上忙。

在员工结婚生子或是有丧事时，总能得到企业送到一份礼物和企业主要领导签名的慰问信；如果以团队组合做出好的成绩时，企业不但会对员工进行表扬奖励，还会向其家人表示祝贺和致谢。

一声简单的问候，给员工带来的是温暖，而这些人性化的宽慰和激励，更能激发员工对公司和工作的热爱，从而为企业创造更多的财富。

在森林里，一只年轻的老虎继承其父亲的王位。它不想再继续父亲冷血式的管理了，想改变管理作风，做一名亲民的国王。

可是怎么才能做到亲民呢？经过一番苦思冥想，它还是找不到对策，于是便去请教猫头鹰。猫头鹰回答说："走近你的臣民。"于是老虎便接受猫头鹰的建议，进行一系列亲民活动。要么隔三岔五地请一些动物到它的王府里做客，要么去一些动物家做客，并在聚会时一起唱歌、跳舞。

一开始，动物们对老虎还有所畏惧。但时间长久后，动物们就不再害怕老虎。他们不但跟老虎开玩笑，还会耍老虎一把。老虎却不会在意，认为自己亲民获得成功。但后来老虎却发现一个问题，他的话竟越来越不管用，动物们都不听他的话了。

老虎便又去找猫头鹰请教，猫头鹰说："你放弃了国王的威严。"老虎觉得很有道理，就想着再重新建立自己的威严。它采取杀一儆百的方式，将公然违抗命令的狼杀死。这一招果然奏效，但从此以后，再也没有动物敢与老虎称兄道弟，也不敢再与老虎开玩笑了。于是这个年轻的森林之王也走上它父王的道路，当然也会面临着它父王曾经面临的问题。

作为领导者，亲民固然重要，但总需要一定的原则。如果让你的权威受到挑战，那么你的"亲民"政策所带来的是管理的混乱，那只能注定失败。作为一个管理者，如何才能做到人性化管理呢？

第一，管理者要做到"知"，并要尊重下属。"知"就是了解，了解自己的下级。老子说："知人者智，自知者明。"作为上级更应该如此，对下级的性格、爱好、特长、生活状况等基本情况进行了解，在了解的基础上给予下级必要的尊重。古人云："敬人者，人恒敬之。"要得到下级的支持和拥护，就必须要尊重下级，要以诚相待，不但要在工作中支持他们，在生活上更要关心，使下级有安全感。对于自己授权的工作，敢于为下级承担责任，勇于负责。

第二，要处理好上下级的关系。在处理与下级的关系时要做到一视同仁，大胆任用下属，而任用的前提是信任。要用人不疑，疑人不用。还要做到"宽"，"宽"就是要宽容，但宽容并不等于无原则的忍让。

第三，要宽严并济。下级犯错误时，只要不是原则性的问题，应该网开一面，给下级以改正错误机会，要留有余地。人们常说世界上最美的境界是"雾里看花，水中望月，灯下看美人"。作为管理者，应意识到"水至清则无鱼，人至察则无徒"。当然对于原则性的错误，管理者绝对不能松手，否则就会犯上文中老虎所犯的错误。

管理者如果说要进行有效的管理，要以人性为基础，分析人性，利用人性，依托人性，升华人性，以人为本，因势利导，以取得最优化的管理效果。

员工发生冲突，管理者要公正裁决

在日常的生活和工作中，只要有人的地方就会有矛盾冲突，当然在企业的内部也自然少不了冲突的存在。大多数的成功企业家认为，在管理者的必备的素质与技能中，冲突管理应当排在领导、决策、沟通能力之前，所以在现代企业管理中，冲突管理已经成为一项不可忽视的重要内容。

企业管理者如何才能处理好下属之间的矛盾呢？这是一种管理的艺术，不能马虎。这会对员工以后的工作状况产生很大的影响，所以管理者必须巧妙地处理好员工之间的矛盾。

在通用电气，每位员工都有一张"通用电气价值观"卡，在卡上对领导干部的警戒有：杜绝官僚主义、讲究速度、高瞻远瞩、精力充沛、果敢地设定目标、开明、自信、视变化为机遇以适应全球化。

这些价值观都是该公司进行培训的主题，也是决定公司职员晋升的最重要的评价标准。对于21世纪的领导人，公司提出了"A级人才标准"，并向各个业务部门和全球推广，这种领导人需要具有如下的品质：充沛的精力、激发别人的能力、敢于提出强硬要求、要有棱角、不断将远见变为实际的执行能力。

对于一个企业来说，管理者的协调能力直接决定着企业员工关系的好坏，而一个开明的领导者才会使企业人员关系变得融洽、和谐，这就要求管理者既要能公正裁决，又能做个好的"和事佬"。

在一家企业里，张总在办公室里批阅文件，忽然听到一阵激烈的争吵从隔壁的办公室里传来。他的思路被打破，工作也被迫停下来。争吵的声音越来越大，而且在吵闹中还夹杂着相互的辱骂声。张总就过去看看究竟是什么原因。原来是小李和小王正在激烈地争吵着。张总很生气地说："都给我住嘴，你们说说究竟是怎么回事？"

"他总是工作拖沓，本来这份我要的资料他应该拿出来，却拖到今天还没有结果。"小王说。

"我资料没有拿出是有原因的，你也不能保证自己每次都按时完成工作。如果你遇到我的情况，说不定也会这样，咱们是平起平坐的平级关系，你有什么资格对我进行指责？"小李不服地说。

还没等小李说完，张总发话了，他说："小李你也太不像话了，我觉得你对工作的态度确实存在着问题，回去以后，你要好好写份检查。"

小李对于张总的处理结果很不服气。因为张总并没有弄明白是什么原因导致他没按时完成任务，就轻易做出处理决定。而他之所以没有完成任务是因为小李的爱人生病，而儿子在去上学的路上出了车祸。于是他这两天一直在医院照顾，所以就影响他对资料的整理。因为不服，他跳槽到另外一家公司里。

作为一个管理者，张总做得有些轻率了，起码要给员工一个解释的机会。而他却在没有调查的情况下，就要让小李写检查，使得小李很不服，因此跳槽到另外一家公司里。对于一个管理者来说，这是很失败的地方。那么如何才能做一个开明的管理者呢？要做到以下几点：

第一，做到遇事不主观，凡事要留有余地。在对待员工冲突时，可以先不表明你的态度。首先要给他们留有足够的时间，给他们一个充分发泄的机会。一个高明的管理者，总是善于在矛盾纷呈的局面中寻找到平衡点。

对于非原则性的小纠纷，管理者没必要非断个是非曲直，更没有必要非要弄个水落石出，应该引导员工小事讲风格，大事讲原则，而不是去斤斤计较，反复地纠缠。管理者可运用"模糊"艺术，做到大智若愚，这样既能避免和淡化一些无原则的纠纷，还能使人心得到凝聚，并赢得员工的尊重。

第二，要冷静处理矛盾，不搞情绪化。在双方冲突争执不下的情况下，也不需要管理者分个谁对谁错，更不要急于武断地下结论，而且管理者的六神无主、惊慌失措或是火冒三丈，只能使事态火上浇油，所以应该心平气和，不紧不慢，保持冷静。可以采用缓兵之计，时间最能缓解人的情绪，在当时当事人可能很情绪化，待冷静下来，就会心平气和地面对冲突和矛盾。所以管理者可以安抚双方，等将问题调查清楚后再做出决定。

第三，要公平、公正地处理问题。如果冲突较为激烈，作为管理者，一定要在处理问题时做到公正、公平，不偏不倚，一碗水要端平，不要带有任何主观色彩和偏见。否则就会激化冲突，更严重的则会让自己也陷入冲突中，从而造成难以收拾的局面。

对于一个管理者来说，应该及时发现冲突，并想办法缓和冲突，化解冲突。这是管理者领导的水平和艺术的重要体现。

集体活动是增进员工情感交流的好办法

在集体活动中，热烈的气氛、放松的心情是快乐的源泉。同时，在交流过程中，会使团队的协作力和凝聚力得到提高，每个人的心中都有以后工作、学习的榜样，也会让公司的企业理念得到巩固和加强，是一个"乐而有仪"的过程。

在如今的新形势下，企业要建设与时俱进、开拓创新的文化，要对企业文化的载体和内容进行创新，并对企业文化建设的方法进行创新，要围绕建立学习型企业，培养员工的工作方式和方法，增强员工之间的合作，营造浓厚融洽的工作氛围，开展一些寓教于乐、内容丰富、形式多样的文化活动。这样既能丰富员工的工作精神生活，鼓舞员工工作的斗志，还能使企业步入持续发展的轨道。

中国电子科技集团公司第十四研究所始终坚持"以人为本"的科学发展观，多年来，把提高员工健康需求和生活质量作为工作的动身点和落脚点，对员工的文体活动高度重视。以各种有效的文体活动为载体，着力增强职工的自觉参与意识和团队凝聚意识。

职工文体活动的广泛开展，引导员工自觉、积极、持续地参与各项文体活动，并根据不同的人群、不同年龄、不同喜好、不同性别，对活动主题进行明确，因地制宜地广泛开展丰富多彩的文体活动。

一个企业的精神面貌是由其员工创造出来的，而如果一个企业只让员工一味地工作，却没有其他的活动，只会呈现出这个企业的紧张单调的面貌；而让员工积极地参与各种文体活动，就会使企业团队的凝聚力增强，并会呈现出活力四射的企业文化。

特步总会不断地组织员工参加户外拓展训练体验，在武夷山，在安溪志闽，在漳州花都，在泉州宝山训练营，在惠安聚龙小镇……在青山绿水的各个户外拓展训练基地，特步人暂时放下手头烦琐的工作，全身心地投入封闭式精英特训中。

通过户外拓展训练体验，使员工们从中感受到团队的协作意识，从而使其固有的思维方式得到改变，释放出潜能与激情，用一致的方法、行用、思想提高员工的凝聚力，以提升团队的作战能力，并使员工真正融入特步的文化氛围中。

倡导时尚运动的特步，把运动激情、品牌内涵和具有特色的企业文化融为一体，借助文化活动中心、团队艺术团、特步年度培训机制、阳光分享活动等特色企业文化，提升员工的个人素质，促进"人品—产品—市场—文化"相互关系的发展，从而为特步品牌发展和经营管理提供软资源动力，为企业锦上添花，添砖加瓦。

　　企业的品牌应该是充满着鲜丽的色彩，特步深深懂得这一点，所以会把运动的激情、品牌内涵和具有特色的企业文化融为一体，从而为特步品牌发展和经营管理提供软资源动力，使企业品牌的发展不断地向更高层次迈进。企业如何为职工提供促进情感交流的活动？可做到以下几点：

　　第一，联谊交友活动。现在人们的创新意识不断地提升，所以与其把团队活动的经费零散地花到数次的吃饭、唱歌等活动上，倒不如将经费攒起来进行一次性消费，做一些拓展活动这不但使员工们相互之间沟通，而且还能让他们在联谊活动中拓展心智，调整状态，激发成就感和自豪感。联谊交友活动受到许多人的青睐，成为人们喜善乐道的沟通方式。

　　第二，可以选择一些体育活动，如进行羽毛球、乒乓球、篮球比赛等体育活动。开展定期的体育活动，既能强身健体，还可以拉近上下级的距离，更能让新人尽快融入团队中。

　　第三，可以进行短途旅游。在旅游中，员工可以在旅途中发现彼此不少的共同点，"挖掘"到趣味相投的朋友，同时也能缓解工作压力，使员工之间加强沟通交流。

　　第四，进行户外的拓展活动。通过户外的拓展活动，既能陶冶团队精神，又能发掘自我潜能，使员工不断探索，彼此进行了解，从而增进沟通和交流，培养团队精神，培养坚毅性格及社会责任感，使员工学会工作、学会生活、学会发展。户外拓展活动是发达国家广为采用并被长期实践证明行之有效的拓展培训方式。管理者可以根据需要对课程灵活调配，1～7天不等，可进行自由选择。

企业为员工组织集体活动，可以使新员工尽快地对其工作岗位适应，并尽快地融入团队中；还可以提高员工绩效，增加认同感，想企业所想，急企业所急；还能使员工的价值观得以提高，为承担更大的责任和更多的工作做准备；还可以减少员工的流动性，使团队的稳定性增强，促进团队发展与变革，使团队更有竞争力和生命力，有助于提高和增进员工对团队的归属感，激发员工潜能，提升员工素质。

管理者绝对不能乱发脾气

人们普遍认为，有一个好的名声才有更高的威信，才能做到众望所归。每个明智的管理者很在意自己的名声，他会深刻领会到"厚德得人心"的内涵，很在意员工对自己品质的评价，树立一个以身作则的形象，从而更好地树立威信。

如何才能树立一个好的形象？对于管理者来说，就是要努力收敛自己的老板脾气。有些上司脾气特别暴躁，而且也不会控制自己的情绪，不管大小事情都喜欢用发脾气的形式压人，觉得这样可以造成一种震慑力。其实，员工们会因为老板脾气发得过多而见怪不怪，慢慢就会使其效用渐失，一些员工甚至会形成一套自我保护的办法，以"上有政策，下有对策"的形式应对。所以一个爱发脾气的人不可能成为合格的领导者，更不会受到下属们爱戴和拥护。

萨姆·华尔顿是一位商界奇才，他创造了很伟大的奇迹，竟能让原本卖廉价商品的铺子发展成为有资产550亿美元的华尔顿市场集团。

对于他来说，成功之道并不是总把自己关在总部里，而是经常去全国各地巡视，听取员工们的意见，甚至会给顾客派送巧克力、糖果。对于华尔顿来说，谦虚是他成功的另一要素，也是他卓越品德的展现。

一个成功的领导人，总是懂得如何控制好自己的情绪，总是把自己摆到普通人的位置上，保持着谦虚、谨慎的品格，他会以个人的魅力去征服别人，而且不是用发脾气去威慑人。

玛丽·凯·阿什是典型的成功女性。她在20世纪50年代做销售员时，曾受到男性上司的排斥，于是她把工作辞掉，建立一个旨在让其他妇女拥有权利的销售组织。

经过不断的努力，虽然她本人的财富达到亿万美元，但她仍然对为她工作的人平易、和蔼，这让她的员工们叹服不已。在1996年她中风之前，每年都有几次邀请她的雇员到她家喝茶，而且几乎所有为她工作的人都认为自己了解她。

她们认为，如果有人能像她那样与你倾心交谈，就不会让你觉得有神秘感。所以在员工中，她的名字一直具有着鼓舞人心的力量。

之所以有这样的影响力，是因为她理解她的员工。

对于一个管理者来说，只有与员工们真心相待，才能与员工走得更近。在双方彼此了解的基础上，老板的人格力量会潜移默化地深入员工心中，从而树立自己的威信。并在彼此了解的基础上，让员工们充满信任和安全感，把将企业作为自己的依靠，以更大的热情投身到为企业创造价值中去。管理者如何才能在员工面前树立自己的威信？可以以下面几点作为参考：

第一，要对情绪进行体察，包括对自己的情绪进行管理。情绪是本人的价值、信念的产物，而不是由外面的人、事、物所决定的。所以管理者要进行情绪管理，应该先了解到对方对待事物的信念和想法，是否与自己的想法一致，以及双方的价值观存在不一致的地方，在这个基础上对双方的目标进行判断，以便使目标明确，继而达成共识。

第二，要学会宽容。"严于律己，宽以待人"，这在心理学中是不被承认的，因为它违背了心理学中"外在什么也没有，只有你自己，一切外在的东西都是你自己内在的投射"原则。产生情绪的原因，一般是你不接受自己或不接受别人的意见，所以要学会宽容。

管理者要想做到宽容，就要首先宽容自己。一个对自己要求严格的人是很难对他人宽容的，如果不宽容别人，在不经意间就会把对自己的苛刻强加到别人的身上，于是就不容许别人犯错自己，也就容易对别人进行批评。在批评别人时，其潜意识就是在告诉对方："你怎么这么笨？犯这样低级的错误！如果是我，绝对不会犯下这么低级的错误。"所以在管理者发脾气批评他人时，应该先想到这样的错误自己也可能犯过，别人犯错误也是正常的，只要以后不要再犯同样的错误就好。

第三，要学会正确释放自己的情绪，不要去压抑情绪，有了情绪要学会合理释放，比如与三五知己聊天、唱歌、写微博等，都是释放情绪的好办法。如果情绪压抑过多，集中到一起爆发时就会很可怕，而且这个能量非常强大，如果释放对象不对，就会造成严重的后果。

管理的方式方法不管如何变化，但信任人、尊重人的基本原则是不会改变的，处理好人的问题是领导作用得以有效发挥的关键。而作为一个管理者，只有不乱发脾气，以稳健的性格去感化人，处理好与员工之间的关系，才能使企业走向坦途。美国著名的管理学家托马斯·彼得斯曾大声疾呼："你怎么能一边歧视和贬低员工，一边又期待他们去关心质量和不断提高产品品质?!"

及时疏导员工的负面情绪，不让负能量污染整个团队

所谓的情绪疏导就是用管理心理学、行为科学等相关的科学方法，对人们可能出现或已经出现的异常心理变化或波动情绪进行科学的心理慰藉、调适、安抚、说服或沟通，以达到心理和谐，及实

现个人与组织目标的一致性的一种方式或方法。

情绪心理疏导的核心是将人本思想作为最重要的管理原理，使人的情绪、人性得到充分发展，人的价值得到充分体现，从发展人、完善人、尊重人出发，提高自觉意识，控制低潮的情绪，保持心态的乐观，不断实现自我完善、激励。

某单位由于高技能班长相对不足，难以完全覆盖夜班高端业务的工作，现有人员无法满足高技能班长承担夜班高端业务的工作需要，所以单位安排单技能的班长参与值夜班工作，负责部分高端业务。

这一临时性措施引起一些单技能班长的不满，他们觉得自身不具备处理高端业务的能力和资格，就不应安排他们顶替高技能班长处理相应业务，心理不能接受、不认可单位的安排。而高技能班长又认为，同样是班长，就应该干相同的夜班工作，凭什么单技能班长不能值夜班，而要增加自己夜班的次数？

单位领导对此情况进行了解后，协调有关部门及时进行业务补充培训，让单技能班长尽快掌握高端业务，以确保高端客户的服务质量，防止单技能班长群体因业务不熟悉出现差错而受罚，保护单技能班长的收效不受大影响。该单位通过使单技能班长的业务素质提升，使不满的情绪得以纾解。

不满的情绪总是存在的，但如果领导能及时发觉，找到症结所在，并及时进行解决，当然就会使不满的情绪得以纾解，从而避免产生大的矛盾对企业造成不良影响。很多时候，疏导好员工的负面情绪，不但会让公司消除不良影响，还能使公司获益颇丰。我们不妨来看看下面的案例。

在一家新开业的理发店里，聘请了一些发型师。由于服务态度和工作能力的原因，一些优秀的发型师经常被顾客指名服务，而有一名发型师却总无人问津。一个月过去后，在业绩不同的情况下，所得到的工资与奖励当然也不相同，无人问津的那名发型师工资当然拿得少。久而久之，这位发型师会产生负面的情绪，对待工作的态度也会消极起来。

但这家店的老板却非常聪明，对于这名表现欠佳的发型师，他把一切都看在眼里，但并没有对那名发型师进行过多的批评，也没有找理由开除他，而是亲自做一天的发型师工作给他看，如何与客户沟通，如何拓展客户，如何把话讲到顾客的心坎儿里。客户不但花了钱，而且非常满意。

接着店老板还给他三天的时间，让他以平和的态度对另一名优秀发型师的工作过程进行体验。经过几天的体验，这位消极怠慢的发型师终于认识到自身的差距。他不但口服心服，而且也消除了负面情绪，从此开始刻苦钻研美发技艺，使服务态度有了很大的变化。他在工作时变得认真而积极，技术不断更新，脏活累活抢着干，不久后他便成为了这家理发店最优秀的发型师，并使理发店的营业额也不断地提高。

在以上案例中，理发店老板通过自己的行为，使员工的负面情绪成功地平复，并成就一名优秀的发型师。他的聪明之处就是知道

如何提升员工的情商和处理压力的能力，通过对自我的认识，激起
员工奋起直追、自我激励的能力，不但让员工成为一名优秀的发型
师，而且也使理发店的营业额不断提高。管理者如何才能更好地使
员工负面情绪得以疏导呢？应该做到以下几点：

第一，要提升员工的情商和缓解压力能力，让员工通过对自己
及他人情绪的了解，使自己的负面情绪得以妥善处理，掌握快速处
理和管理负面情绪与压力疏导的技巧与方法，化阻力为动力。

第二，对他人的情绪背后的出发点正确认知，以改善人际交流
的模式，使工作更愉快，同事之间的相处能更和谐，使团队的协作
能力进一步发挥，学习如何应对指责、投诉、异议、突发事件的处
理方式。

第三，掌握有效的自我激励和激励他人的方法，保持正面积极
的心态，放松自我，减轻工作压力，使生活情趣得以提高，从而焕
发工作激情。

第四，要让员工在激烈的市场竞争中保持正面、积极的心态，
当面对各种冲突与矛盾时，与团队成员一起携手并进，从而实现可
持续事业的发展。

作为管理者，应该从员工的情绪诉求出发，了解员工、激发员
工、关怀员工，把以人为本作为情绪管理的核心理念。通过情绪管
理，疏导负面情绪，引导正面情绪，使员工的工作热情得以调动，
并为企业的目标实现提供保障。

宽容对待下属，让企业和谐温馨

人们常说宽容是一种涵养，一个宽容的管理者，有容人的胸襟，要淡化权力意识，不会因为一件事、一句话而斤斤计较。宽容更是一种艺术，它体现着管理者的智慧，闪烁着管理者理性的光芒。企业会因为管理者的宽容，营造出一种平等、和谐的关系，使管理富有情趣，让企业充满温馨，从而能让管理者与员工之间共同拥有一段双赢的美好经历。

宽容并不是无限度的宽容，它与惩罚并不存在对立的关系。惩罚是针对工作中的错误或失职使用的方法，宽容是针对员工的缺点和弱势所采用的态度。真正的宽容既不是纵容，也不是怂恿。现实生活中，一个杰出的管理者往往既能够宽容，又能做到赏罚分明。

有一个表演大师，当他要上场的时候，他的弟子告诉他鞋带松了。大师对他点头表示感谢，并蹲下来认真地系好鞋带。等到弟子转身后，他又蹲下来将鞋带解开。

后来一个采访者看到这一切，不解地问："您为什么又要将鞋带解开呢？"大师回答道："因为我饰演的是一位劳累的旅者，长途跋涉让他的鞋带松开，可以通过这个细节表现他的劳累和憔悴。"

"那你为什么不直接告诉你的弟子呢？难道他不知道这是表演的

真谛吗？"采访者不解地问。

大师很谦虚地回答："他能细心地发现我的鞋带松了，并且热心地告诉我，我一定要保护他这种热情的积极性，及时给他鼓励。至于为什么不当场告诉他，我想教育的机会将来会有很多，可以以后再说。"

这就是一个人的宽容，因为宽容可以理性地去处理问题，不会让对方因为自己的主观意念而陷入尴尬的境地。在为对方保留尊严的同时，也同时让对感觉到他的宽容，信赖自然而然地产生。

1997年夏天，一位年近60岁的黑人妇女遭到别人的暗杀。但在她的贴身护卫维撒的保护下，她没被暗杀成，但维撒却失去了年轻的生命。后来她知道这个杀他的人名叫阿撒。但让人想不到的事却发生了。

13年后，这位年老的黑人妇女走进维撒的家。当时维撒的妈妈正扛着粮食往外走，她问老妈妈到哪里去。老妈妈回答说："去给阿撒的妈妈送粮食。阿撒开黑枪逃走后，一直杳无音信，阿撒独身的妈妈年老体弱，家里已穷得揭不开锅……"

她不禁提醒这位善良的老妈妈："他们不是我们的敌人吗？"

老妈妈的回答再次让人吃惊不已："那都过去了，以怨报怨，只能增加更多的仇恨。"

那一刻，她被震撼了。当每一次走在流亡路上时，她都在想，有朝一日她会卷土重来，将那些政敌打败，重新获得权力，使曾经让她饱尝艰辛的人尝到复仇的厉害。而当她听完老妈妈的话，被深深打动了，她意识到以仇恨面对仇恨，对立双方永远无法摆脱仇恨，饱经战乱的国家不能再有仇恨和战争，他们需要的是以宽容来化解矛盾，消除隔阂，获得理解，从而赢得民众的支持。

从那以后，她不但以宽容的姿态面对过去的对手，面对各种纷繁复杂事务，她号召人们将曾经的仇恨忘掉，以和解、宽容治愈战争的创伤，从而她赢得该国人民的理解和支持，并通过民选登上了总统宝座。

从以上案例可以看到，宽容具有多么大的力量！它可以使一个民族化解仇恨，治愈历史的创伤。而作为管理者，如果能以宽容的心态对待自己的下属，换回的是感恩和信赖，从而能让双方更相互理解，为企业营造温馨、和睦的氛围。作为管理者，如何才能做到宽容呢？

第一，对待自己要宽容。只要在宽容自己的基础上，才能对别人宽容。宽容地对待自己，就是要心平气和地工作、生活，以良好的心境来充实自己。管理者只要充实好自己，在有所准备的情况下，才会让机遇到来之时不留下失之交臂的遗憾，并在宽容自己的同时，设身处地宽容、理解别人。

第二，要有合理的管理机制。宽容型的公司组织结构多数是分散的网状形式，并且是传统的垂直式金字塔式的结构。员工之间应该有充分的沟通与互动合作。在具体行为上，对员工的创新意识要鼓励，即便出现失败的情况，也要视情况而定，宽容对待。当第一次出现错误时，可以不受到处分；组建企业智囊团等，都体现着企业的宽容特征。在这样公司里工作的员工也有更多的工作热情和凝聚力。

第三，要有人性化的管理方式。宽容的管理方式是人类社会由阶级制度走向民主制度，继而走入一个新形态社会后必然的企业形态。尤其是劳动密集型转向知识密集型市场环境的今天，如果再奉行森严等级层级制度与教条的管理方式，就会随着社会的进步而被淘汰。

对于一个人来说，为人处事宽厚包容是一种境界，它体现着较高的心理素质和道德品质。作为管理者，应该拥有宽厚包容的心态，这不但体现管理者的人格魅力，也是对品德的一种诠释。只有宽厚包容的管理者才会让下属庆幸感恩，使下属内心最深处的感动被唤醒，从而营造出和谐的工作环境，形成人心所向的局面。

第七章
你要会批评：做好团队管理中的"负强化"

俗话说"玉不琢，不成器"，管理者应该学会有效地批评员工。作为管理者，先不要急着批评，应该换位思考，为下属设身处地地着想，适当地给他们个台阶下。这不但能让员工认识错误，并能接受教训，以利再战。管理者要做到奖罚公平公正，征服人心。

有时批评得"重"一点也未尝不可

在企业管理的过程中，员工难免会犯错误。对于犯错误的员工，管理者应该给予适当的批评，以便让员工能记住这个教训，从而在以后的工作中尽量避免发生此类事情。

俗话说"玉不琢，不成器"，作为一个管理者，如果不能适当地对员工提出批评，就无法帮助员工进步，更谈不上塑造一个有战斗力、团结的团队了，管理者自身也无法成为一名成功的管理者。而且越是职位高或者越想做到高层管理者的经理人，越应该学会如何有效地批评别人。

约翰·兰奇是美国现金出纳机公司在布法罗市的销售经理。一天，一位年轻人找他说："我想在这里做一名推销员。"约翰·兰奇打量了一下这个年轻人，同意了他的请求。这位年轻人每天走街串巷，但是在两周之内却没有卖出一台出纳机。年轻人感到很无助，就去找约翰·兰奇求教，却没想到被约翰·兰奇劈头盖脸地训斥了他一顿。年轻人站着，一句话也不敢说。最后，约翰·兰奇不再发火，他对年轻人说："改天我们一起去卖出纳机，如果一台也卖不出去，咱们一起回家待着。"

过了几天，约翰·兰奇与年轻人一起去卖出纳机。对于约翰·

兰奇的每一个动作，年轻人都观察得十分仔细，并且对他的每一句话，年轻人都听得很认真。在一位顾客那里，约翰·兰奇说："买一台现金出纳机吧，不仅可以帮助老板保管现金出纳，还可以防止现金丢失，而且我们这种出纳机每收到一笔现金，就会为你唱一首欢快的歌……"就这样，约翰·兰奇成功地将第一台出纳机卖了出去。

此后，约翰·兰奇又带年轻人出去几次，每次他们都能将几部出纳机推销出去。渐渐地，年轻人从约翰·兰奇身上学到许多推销技巧，业绩也越来越突出。后来，这个年轻人创建了著名的 IBM 公司（国际商业机器公司），也就是托马斯·约翰·沃森。

从以上案例我们可以看出，一个管理者对于下属的批评不怕"重"，关键是让对方认识到错误在哪里，避免再犯同样的错误，从而使下属的业绩得到提升，并在不断的进步中实现人生的飞跃。

小张是新到单位的大学生，9月底报到上班，但在一个月之内有二次迟到现象，还有一次由于粗心大意，他竟将一个重要的报告提供的数据写错，幸亏被及时发现了，没有造成重大的影响。而作为管理者的王副经理，在发现错误后，还是对小张迟到及工作不细致进行了批评。小张认识到自己的错误后，改掉自己迟到和工作不细致的坏毛病，并在以后的工作中，变得积极谨慎，成为一名优秀的员工，很快就得到了公司的提拔。

还有一些职员或因违反工作纪律，或因为工作不负责任犯了错误后，只要被王副经理发现，同样会毫不客气地给予批评。这样使公司的员工们渐渐有了自觉的意识，员工犯的错误越来越少，大家不自觉地养成了认真工作的好习惯。

就像前面所说的那样，"玉不琢，不成器"，每个人的意识中总会存在散漫和惰性，如果有人提醒和批评，就会从自身无意识中形成一种警觉，督促着自己不再犯同样的错误。但如果放任纵容，只能慢慢地形成不良的习惯，而且批评得当也反映出一个管理者驾驭员工的高超技术。管理者如何才能做到"重"批评而又不失效用呢？

第一，要做到不但要"批"还要"评"。当下属犯错误后，在批的同时，还要让其明白为什么要批，那就是"评"，让员工能认识到，批评的目的是为了让其以后不再犯同样的错误。通过对其讲道理，找原因，使其能深刻认识到错误，今后不再重犯，并加以改正。

第二，不但要让其认识到错误，还要帮其找到解决问题的方法。批评的目的就是为了不让其再犯同样的错误，如果能为他指出一些改正错误的方法，就会使对方不再犯同样的错误，从而对以后的工作起到更好的作用。

第三，不能只针对下属批评，应该对自己的不足有所认识。优秀的管理者当发现下属犯错误时，会先从自身找问题，先做自我批评，然后再对下属进行批评。作为管理者，有时还要学会为下属"揽过"，其所承担的责任，会让下属感激涕零，当然对工作也更努力、用心。

第四，批评要采用恰当的方式。批评有启发式、鼓励式、警戒式，不管采用什么样的方式，批评的目的都是为了让下属更好地工作，要根据不同的下属、不同的事、不同的场合和时间，采用不同的批评方式。

美国前总统艾森豪威尔曾说过："领导是一门艺术，它让人们去做你想让他们做的事情，而且他们非常乐意去做。"事实上，作为一个管理者，你的一举一动、一言一行，你做的决定、所说的话，甚至脸上的表情都会对员工的士气造成影响。适当地批评"重"一点，不但对员工起到督促的作用，而且也会提高你的威信。

用正确的思想引导正确的行为

在一家企业中，管理者的思想往往就是企业的发展方向。当企业强调以文化建设提升企业核心竞争力时，管理者的思想观念往往就是一个企业的文化。所以对于员工来说，与其说是在执行企业文化，倒不如说是要贯彻管理者的思想。

拿破仑曾经说过，宝剑和思想是世界上最有力量的东西。思想是万力之源，人的行为总会受到思想的支配，管理的最高境界是管理人的思想，所以一位优秀的管理者，应该是一位卓越的思想家。管理者要想用正确的思想管理企业，首先要做到突破自我，改变态度，以智慧为主导，突破思维定式，提升信念，形成智慧型习惯状态，由正确的思想引导正确的行为。

历史上的楚汉之争家喻户晓，最终以项羽自尽、刘邦称帝而告终。虽然他们出身有着千差万别，项羽出身于豪门世家，而刘邦只是地痞无赖，但刘邦却取得最后的胜利。是什么原因导致他们不同的命运？那应该是思想的问题。

项羽打下咸阳后，下属建议："关中阻山河四塞，土地肥饶，可都以霸。"项羽回答："富贵不归故乡，如衣襟夜行，谁知之者。"刘邦打下咸阳后，娄敬建议定都关中，刘邦采纳了。

由此可见，刘邦是非常有远见的，而项羽想到的只是如何衣锦还乡，以显示自己的荣耀，让自己的虚荣心得以满足。有这样浅薄的意识和狭隘的心胸，怎么能担当起统帅之责呢？所以在历史上演出了"四面楚歌"、"霸王别姬"的悲剧。由此可见，在一定程度上，管理者的思想对于企业来说起着决定性的作用。

对于企业来说，一个管理者做出的决策就是企业前进的方向，当决策出现错误就会出现满盘皆输的后果。管理者做出的决策关乎着企业的生死存亡，所以管理者必须要有正确的思想，从而保证行为的正确性。管理者如何才能拥有正确的思想呢？一个成功的管理者应做到以下几点：

第一，必须懂得如何有效地利用自己的时间，要充分利用好自己的点滴时间，使工作开展得有条不紊。

第二，优秀的管理者比较注意如何使自己的努力产生必要的成果。他们不会满足于埋头工作，很重视对全局的把握。当他们接手工作时，不会立刻一头钻进工作中，也不是马上考虑工作的手段和办法，而是首先以别人希望自己能做出什么样的成果作为要求自己的标准。

第三，他们善于利用长处。不但善于利用自己的长处，还善于利用上司、同事和下属的长处，并善于抓住形势为他们提供机会，从而做自己想做的事。他们不会将工作建立在自己的弱点与短处上面，也不会做自己做不到的事。

第四，要把自己的精力集中到一些重要的领域里。他们会按照工作的轻重缓急制定出先后次序，重要的事先做，不重要的事先放一放，不至于使工作一事无成。

第五，要善于做出有效的决策。决策的正确性，首先要解决条理和秩序问题，这需要正确的次序和步骤。有效的决策总是在不同意见讨论的基础上做出的一种判断，但绝不是大家意见一致的产物，需要管理者有更高的鉴别力。

一个人要想总是做出正确的行为，就必须先有正确的思想。只有管理思想正确，经营目标明确，才能保证企业的行为朝正确的方向发展，才能获得良好的效果，所以，每个管理者必须要有正确的管理思想。尽管如今社会发展迅猛，瞬息万变，难以捉摸，但是，只要管理者能认清万变不离其宗的本质，保持清醒的头脑、正确的管理思想，以不变应万变，就能在经济大潮的冲击下稳步向前，成功地走在坦途上。

奖要奖得"喜笑颜开"，罚要罚得"心服口服"

　　管理者要适时、及时地对下属进行激励工作，做激励工作时要及时、真诚、具体；在需要批评时，要注意对批评方式方法，激励方应该对员工先进行沟通，再进行确认。

　　管理者要听取下属的自我评估，针对下属的异议共同制定政策并改进计划，才会得到员工的支持，起到为绩效发展和人事决策提供依据的作用。员工期望自己的努力得到应有的鼓励和报酬，而员工的士气也会受到考核公正与否的影响，只有建立持续的绩效考核，公正合理的考核办法与激励机制，才能使员工愿意为未来而努力。

　　联想刚刚进行 ERP（企业资源计划）改造时，业务部门执行的力度不是很大，使流程设计的优化无法深入。长此下去，必将使联想陷入瘫痪。最后柳传志不得不施以铁腕手段，将企业内部试图拖垮 ERP（企业资源计划）以保全既得利益的阴暗心态杀灭。柳传志在一次会议上大发雷霆说："ERP（企业资源计划），必须要搞好！做不成，我会受到很大影响，但我会把李勤给干掉！"李勤当即站起来说："做不好，我下台，不过我下台之前，我先要把杨元庆和郭为干掉！"

　　联想一贯纪律严明，公司制定的开会迟到罚站制度无一人例外。柳传志自己也被罚过三次。联想规定，迟到不请假就要一定罚站。

有一次，柳传志被关在电梯里，那里没有手机，叫天不应，叫地不灵，只好认罚。柳传志说："罚站是一件挺严肃、挺尴尬的事情，开小会时，你得独自站着，更大的会场，你迟到了，会都停开，全体人员静默，都看着你站1分钟。"

第一个被罚站的人是柳传志的一个老领导，他撞在了枪口上，柳传志印象深刻："我说，完了我到你家给你站1分钟！他站了一身汗，我坐着也一身汗，当时的确尴尬，但是制度必须要严格执行。"

联想的执行力很坚决，只要政策一出台，就要坚定不移地执行，就连柳传志本人也曾因迟到受罚，而他的老领导也成为第一个开刀人，怎么能不让人心服口服呢？惩罚政策下，必然也会使员工们的执行力增强，企业才会有良性的发展。同样，宝洁公司奖励政策也成为企业承包文化的重要组成部分。

在宝洁，所有的高级经理都是从新人做起，一步步地成长起来。宝洁公司对员工的提升取决于员工的工作表现和对公司的贡献。归根结底，员工的发展取决于他的能力和所取得的成绩。

在宝洁，不论是薪酬增加还是获得提升，所有的奖励与肯定都反映了员工的能力和工作绩效，这也是宝洁公司对员工尊重的表现。

所以，不管是联想还是宝洁，只要是成功的企业，他们都有着正确的奖罚制度。在正确奖罚制度的督促下，员工竭尽全力地发挥潜能，认识到自己的价值，从而更有信心地为企业创造财富。管理者如何才能做到"奖得喜笑颜开，罚得心服口服"呢？应该做到以下几点：

第一，绝对公平与相对公平的统一。很多时候，员工不仅在乎自己所得报酬的多少，更在乎自己所得报酬的投入率与同事所得报酬的投入率是否相等。不仅对自己所受处罚的轻重在意，对自己所受处罚的差错率与同事所受处罚的差错率是否相同更在意。所以，员工的工作积极性不仅受到奖罚绝对数量的影响，更取决于奖罚的相对程度。公平奖罚的内容，应该既要注重奖罚的绝对数是否科学，更要注重奖罚是否有公平的相对程度。

第二，内部公平与外部公平的统一。在一个开放环境与封闭环境中的职工行为是不一样的，职工在封闭的环境中，只能将自己所得报酬的投入率或所受处罚的差错率与同事相比；而在开放环境中，职工对自己所得报酬的投入率的相比程度会扩大到同行，甚至于扩大到其他相关行业。所以公平奖罚内容，既要注重内部公平，同时也要兼顾外部公平，否则就会影响到职工的积极性，甚至会导致许多核心员工跳槽。

第三，主观公平与客观公平的统一。一般员工都认为自己干得多而拿得少，别人干得少而拿得多，公平的奖罚内容既要注重奖罚的客观幅度，也要对员工的主观感受予以考虑。所以，一定要在实际工作中严格按规定办事，规定面前人人平等，让职工觉得企业可信，管理者可信，还要充分发挥思想政治工作优势，让员工认识到世界上没有绝对的公平，只有相对的公平。通过与员工的经常交流，使不同不部门、不同岗位的员工达到相互理解、相互支持的目的，也可以让部分员工换岗工作，通过换岗，促成"换位思考"，让每一个员工看到自己在公司里的作用，从而更能认识到奖惩的重要性。

《韩非子》中说奖罚是管理者的二柄，奖罚做得好，群心有向，向上有序，心有敬畏，活力四射；奖罚做得不好，军心涣散，拉帮结派，团队离心，内耗不断。所以对于管理者来说，只要能做到奖罚得当，就能把公司的业绩做得更强。

私底下批评员工，当众解决问题

每个下属都会犯错误，一名优秀的员工就是在不断犯错误，并不断改正错误的过程中成长的。当管理者既能给员工留面子，又能在批评的同时让员工及时发现问题，迅速做出弥补，找到正确的方向，就会避免下属再犯同类的错误。但如果管理者不懂得如何批评下属于，就会使下属工作积极性降低，甚至形成对立，让人际关系也会变得复杂。

员工有缺点，如果当面给予批评指责，他们因为面子问题或逆反心理不仅不会接受，也经常出现口头上反驳，顶撞上级，使上级陷入很尴尬的境地。如果对员工私底下批评，在照顾员工面子的同时，能让员工心平气和地考虑问题，可以充分地与上级交换意见，并接受批评，当然会取得很好的效果。

在一家公司里，管理者吴老板是一个很能训人的老板。有一次销售部马经理出现一点失误，面对自己的元老级员工，吴经理毫不客气，对马经理进行大肆训斥。丰富的表情、高亢的声音，让马经理一脸沮丧，低头不语，销售部其他员工噤若寒蝉，鸦雀无声。

吴老板整天业务很忙，顾不得与别人说一句话。但在这个只有二十几人的公司里，业务员经常百无聊地对着电脑发呆。曾经有人来到这里，感觉很奇怪，就问他们公司的业务员，为什么有销售单子却不去做，非要推到老板那里。

业务员很无奈地说，公司的事他们能不做主，尽量不去碰硬。老板太厉害了，万一做错事就会被他骂死。虽然他们公司的薪金也算在同行业不低，但许多业务员因为无法忍受吴老板的脾气而辞职不干了。

对于公司来说，过于苛刻的老板会让员工们觉得心惊胆战，因为害怕被骂、被罚，不敢放开手脚做事。在此案例中，因为吴老板的苛刻，即便是有着高工资的吸引，也会让员工觉得无奈，因无法忍受老板的脾气最终选择辞职。而下面的这位老板却做得不错。

在一家公司里，人力资源部员工小李是一个十足的足球迷，同时也是西班牙足球的痴迷粉丝。小李虽然平时工作非常负责，但在世界杯西班牙比赛时，小李怎么能错过？很多时候，他都是半夜爬起来看球赛。

周一是新一周的开始，而凌晨刚看完西班牙比赛的小李，拖着疲惫的身体到公司上班。上午11点时，困倦的小李竟在办公室里睡着了。刚好人力资源部经理王经理路过小李的办公桌前，轻轻拍打他的肩膀一下，以示提醒。

　　到了周五凌晨，又是一场西班牙的球赛，这次是西班牙与德国的半决赛，球赛非常精彩，小李也高度紧张，情趣盎然地观看完足球赛。这一次，小李强打起精神，但眼皮却不争气，在下午又一次打起瞌睡。看在眼里的王经理并没有当场责怪小李，而是私下里找小李谈话，委婉地告诉他，遵守公司章程的重要性。小李认识到自己的错误，不再因球赛而在办公室里打瞌睡了。

　　每个人都有自己的尊严，当员工犯错误时，管理者私下里对其进行批评，可以让其感觉到管理者对自己面子的顾及，当然会存有感激之情，也会督促着自己以后不要再犯同样的错误，就会很容易解决问题。作为管理者，如何才能做好这一点呢？

　　第一，要私下批评，做面对面指导。人们总是希望在众人面前被赞赏，而挨骂的时候不会让周围的人知道。所以管理者要私下批评员工，这就是顾及对方的面子，员工不会因为当众被批评丢面子而恼羞成怒地离职走人。

　　第二，要迅速做出批评，并认真倾听员工的心声。当员工犯错误时，一定要立即指出，不能拖得太久，否则就会让其印象不深刻，从而起不到批评的效果。管理者要与员工对所犯错误的事实达成一致，注意倾听和询问。在批评的过程中，共识管理很重要。在对员工所犯错误判定的同时，管理者也要取得员工的认同，并给予员工说话的机会。管理者要在批评的过程中注意询问和倾听，而不是劈头盖脸地进行一顿臭骂。

　　第三，批评要真诚，要用好的策略。批评要做到对事不对人，批评是针对员工的具体行为做出的，应该就事论事，而不能对其本人，批评最忌讳就是对本人的批评乃至人身攻击。要对员工说明某项工作的重要性，并使员工认识到其所犯错误的严重性，并要对工作的重要性让其明确，以免下次再犯同样的错误。如果对其所犯下的错误有补救的措施那再好不过了，批评不仅是让员工认识到错误，更重要的目的是用巧劲解决错误的办法和方案。当管理者与员工就错误补救方案达成一致，就是真正达到批评的目的。当批评结束时，要以肯定的言辞结束批评。不管如何，还需要员工做好以后的工作，所以不能对员工进行一味地打压，一定给予员工肯定和鼓励，指出前进方向以免因为过于沮丧而丧失工作积极性。

作为管理者，应该换位思考，为下属设身处地地着想。当下属自知由于自己的失误而引起不必要的损失时，管理者应该适当地给他台阶下，私底下解决问题，就不至于让下属丢面子，定然让其对管理者更加感激、更加尊重，今后会更加注意避免错误的发生，使问题得到圆满的解决。

无论犯错的人是谁，惩罚都要一视同仁

在企业里，规章制度好比是烫火炉。烫火炉是不讲情面的，不管谁碰到它都会被烫伤，一视同仁，对谁都一样，跟谁也不会有私

交，对谁都不讲私人感情。但人毕竟不是火炉，不可能在感情上与所有的人都有等同的距离。但作为管理者来说，一定要做到公正，行使手中的权力要根据规章制度，而不是以"个人感情"来行使手中的奖罚大权。

管理者在行使权力的过程中，惩罚是必不可少的，但往往会因为惩罚而使得员工人心惶惶，怨声载道。一个成功的管理者，行使惩罚权时应当十分及时，以防微杜渐，同时惩罚时应该让员工了解为什么自己会受到惩罚，并且要让惩罚一视同仁，不带感情色彩，要赏罚并行，不应以各人喜好决定赏罚，并做到有章可循。

有一次魏王问大臣卜皮说："你担任地方官的时间很久了，与百姓接触的机会最多，应该听过百姓对寡人的批评吧？"

卜皮说："百姓都说大王很仁慈。"

魏王听后大喜："是吗？果真如此，国家一定能治理好。"

卜皮说："不，相反，国家快要灭亡了！"

魏王愕然："寡人以仁慈治国，这有错吗？"

卜皮回答："陛下只想给天下百姓仁慈的形象，就不能居人之上，所谓的仁慈包含仁心、怜悯、慈祥、宽厚。如今即使大臣、百姓犯罪，当陛下处罚他们时，总会踌躇不决，有过而不罚，无功却受禄，会让天下的人都看不起大王，也会让百姓变得放肆。臣说国家快要灭亡，就是这个道理。"

当魏王听到卜皮说百姓觉得他很仁慈时，非常高兴，以为这样就会使国家能治理好，殊不知，国家潜伏着危机，因为他的惩罚不明，使得天下人看不起魏王，魏王失去了应有的尊严，从而使国家的政令执行的力度减弱，就容易使国家灭亡。现代的管理同样如此，如果一个管理者做不到惩罚分明，也会让公司的规章制度成为一纸空文，得不到强有力的贯彻执行，必然会导致公司松垮，也会让企业面临走下坡路。而下面的故事，同样让我们明白，惩罚要一视同仁，不管是谁犯错。

唐代的大理寺少卿戴胄，堪称公平的典范。有一次，唐太宗李世民的长孙皇后的兄长长孙无忌带刀进入皇宫，但在宫门口站岗的监门校尉未能发现。按照唐律，监门校尉和长孙无忌都触犯了法律。但当朝宰相却说长孙无忌是因为一时疏忽算不上犯法，而校尉麻痹大意应该杀头。唐太宗也认同他的看法。

这时戴胄挺身而出，明确表示：以这样的量刑方式很不公平。他说，长孙无忌带刀入宫，校尉没有发现，他们都是由于一时疏忽，应该对他们一视同仁地量刑，但如果重此轻彼就很不公平。戴胄说得有根有据，理直气壮，唐太宗只能与大臣们重新商议。

在重新商议时，宰相仍然力主原判，但戴胄寸步不让，据理力争。他指出：校尉和长孙无忌若论其错误情况相同，而校尉之所以致罪，是因为长孙无忌带刀入宫，鉴于此缘故，校尉于法当轻。而现在却是轻罪而重判，重罪反而轻判，"生死顿殊"，很不合理，坚决要求据法重新判断。唐太宗觉得戴胄说得有理，最终接受了他的意见，将校尉和长孙无忌都免罪。

在这个故事中，戴胄的据理力争维护了律法的尊严，他没有因

为长孙无忌是皇亲国戚，触犯律法后应该给予从轻惩罚，而校尉的
身份低而重判，却做到了一视同仁。因为他维护的是律法的公正性，
所以得到唐太宗的支持。从而使两位因疏忽大意触犯律法、不同身
份的人同时得到赦免。我们在行使管理权时，不能太过于放松手中
的权力，但惩罚一视同仁是必须要做到的。如何才能做到一视同
仁呢？

　　第一，要制定惩罚的标准，预防和控制是管理的目的，而绝非
是事后惩处。一定先要让员工知道什么是错，犯了错误后会付出什
么样的代价，又该如何避免犯错。这样就一定会让员工主动避免犯
错，即使犯错后，也会无话可说。

　　第二，要分清责任额度。一般来说，企业责任分为管理责任、
主要责任、次要责任三种。在一个团队中，责任是一个流程、一个
链条，任何问题的发生绝非偶然，任何责任也不是独立的，管理者
一定要将责任的等级分清。

　　第三，要有选择地原谅。对于错误的处罚是手段而非目的。在
这种逻辑下，有些影响不大并无意犯的错误、初次犯错可以适当予
以放宽，而那些故意犯错、重复犯错是需要惩罚的，对于那些简单
犯错、天天犯错的人绝不能姑息。有时敢于原谅下属犯错，也是管
理者的智慧。

　　在管理中，惩罚更能告诉那些犯错者，绝不能为所欲为，同时
也可以起到对所有的员工进行反面教育的作用。中国有句俗语说，
"杀一儆百"，坚决地惩恶，更能使员工的正义感与斗志得到激发。

作为管理者绝不能感情用事，管理者能做到惩罚一视同仁，就能使企业健康发展，处在良性的发展状态中。

当员工犯错后，先别急着进行批评

在日常的工作过程中，员工不免会犯错误。当遇到员工犯错误时，管理者需要牢记，如果自己对犯错误的员工处置不当，不仅对员工改正错误无助，而且还会造成更强烈的逆反和敌对。当采取正确的方法处理员工所犯的错误，不仅不会伤害到员工，而且还可以使管理者塑造"有责任心、是非观、拥护企业和团队价值理念"好领导形象。

古人说："人非圣贤，孰能无过？"再周到、精致的管理也不能涵盖企业千变万化的管理实践，所以员工不免会犯错误。对管理者而言，当遇到员工犯错误时，先不要急着做出批评，要恰当地处理。

当管理者赵明因为审查不慎而造成公司百万元的损失后，便在第一时间递交了辞职报告。结果上司暂时没有给批复，让赵明心里很没有底。对于赵明来说，他并不是想借辞职来逃避。事实上赵明是一个很有责任心的管理者，也敢于承担责任，这次也是很意外，由于急着赶时间，结果忙中出错，导致一个关键数据没有及时核对，于是酿成大祸。

终于等到董事长发出召见令，赵明带着愧疚与不安来到董事长的办公室。果然看到董事长一脸怒气地冲他瞪眼，半天没说话。而赵明的心里更是紧张，连大气也不敢出。偷眼瞄去，办公桌上摆着一份解职通知书。

沉默了一会儿，董事长没有对他劈头盖脸地痛骂，而是示意他坐下，并给他布置一项新的任务。一开始赵明感觉有些莫名其妙，认为自己听错了，指着职务解除通知书怯怯地问："这个不是给我的？"

董事长有点哭笑不得地说："你想得倒美！闯下这么大的祸，不解除你的职务，怎么服众？"

"可您刚才让我们去接那个单，这……"赵明疑惑不解地问。

董事长笑着说："谁说解除职务就是开除？没炒你鱿鱼，是不是很意外？开除你，岂不是公司白给你交学费了？这会儿想跑，门儿都没有！你小子得帮我把损失赚回来……"

赵明心中感慨，从此再也不敢松懈。赵明整个人似乎脱胎换骨，工作起来也更加卖力，业绩更加出色，常常出色地超额完成任务。后来凭着业绩与能力，赵明又一次名正言顺地回归到经理位置，继而成长成公司里最优秀的高管。

这就是优秀管理者的处事风格，他会以宽大的胸怀去成就员工，对于员工犯下的错误，不是急于做出惩罚，哪怕是非常严重的错误。而是经过深思熟虑后，让员工自己认识到错误，总结出经验教训，避免在以后犯类似的错误。这样不但公司曾经的损失能挽回，而且也能使得下属变得越来越优秀。但下面的这位女孩却没有那么幸运。

张雪进入一家宠物医院后，在培训时期多次犯错误，却不知改正。第一次犯错误是在为动物做完护理后，做完护理一定要关上笼子，锁好，结果有一天她给忘了。那只性格有点怪的斗牛犬钻出笼子，冲出店门，直接跑到马路上。在不断的汽车鸣笛声中，狗有点受惊。全宠物医院的人都出来围追堵截，费了九牛二虎之力，仍然没有成功。最后只得给狗主人打电话。

当给动物洗澡时，一定要试好温度。但这个女孩带上橡胶手套、放好水就把一只金毛摁进去，岂料金毛一声惨叫，拨开毛来看，全身都被烫得红肿。

第三次，给动物打针时，她没有确认好狗打什么样的针。当时诊室里有两只泰迪，一只要打防疫针，一只要打消炎针。她只随便问了狗主人一声，就把一针消炎药水推进一个无病的泰迪体内，结果狗死了。其主人哀号不已。宠物院长非常震怒，问是谁打的针，整个上午却没人敢负责。

下午刚开始上班，院长就把张雪请去，将这三件事给她清楚地讲出来，并将她辞退。张雪不明白院长为什么会辞退自己，就让院长做出解释。院长说："刚入行时，谁都会犯错误，但不敢承认错误却是让人无法容忍的。"张雪听后，不敢说什么，只能悻悻离开这里。

　　其实对于张雪的处理，院长的做法还是比较明智的。首先他已经给了张雪机会，但她却仍然一而再、再而三地犯错误。而当她犯了严重的错误时，又不敢去承认，害怕承担责任，基于此，张雪被开除也在情理之中。作为管理者，如何才能正确对待员工所犯的错误呢？

　　第一，要考虑如何处置员工犯的错。如果员工是出于粗心大意，按照企业规定给予处罚；如果员工因创新犯错误，不但不能批评，还应该给予奖励。对于企业来说，那些因为创新而犯错误的员工，远比那些害怕犯错误而墨守成规、因循守旧的平庸者可贵。

　　第二，当员工犯错误后，不管出于什么原因，是好还是坏，都不能轻率地做出惩罚，应该对这些原因背后的深层次情况进行了解。当然，惩罚员工一定要让员工心服口服。

　　第三，鼓励往往比惩罚更有效。管理者让员工自己认识到自己的错误，他们才会真正有自觉改正的心；否则，他们只会认为这是管理者"小题大做"或"故意跟我过不去"。正如孔子所说的那样"道之以德，齐之以礼，有耻且格"。只有员工真正明白是非、对错的道理，才会真正地进行自我约束和改进。

　　总是盯着下属的失误，那是一个领导者的最大的不称职。所以，作为一个优秀的管理者，当下属和员工犯错误时，要知道如何正确地处理，在批评下属失误的反思中让其萌发新的智慧，使下属把每次的失误变成其成长的机会！

在团队中，把处于末尾的员工淘汰掉

末位淘汰法则，是企业了为满足竞争的需要，通过科学的评价的手段对员工进行合理排序，并在一定的范围内实行奖优罚劣，对排名在后的员工，以一定的比例给予降职、调岗、降薪或下岗、辞退的行为，以促进在岗者的工作积极性，激发工作潜力，为企业获得竞争力。

在企业的人力资源管理中，竞争和淘汰是一对孪生的姐妹，有竞争的地方就存在淘汰。竞争上岗的目的就是为了让有才能的人到岗位上任职，而末位淘汰却能让原来的岗位上的人下来，通过调整人与岗位之间的关系，形成一个有效的竞争机制，以公开公平的形式，最大限度地使每个人的优点和潜能得到发挥。

在战国初期，秦国的势力很弱小。当时魏国和秦国之间有一条河，却被魏国占领去，于是秦孝公就号召全国人献计献策。此时，商鞅找到秦孝公说，我有一个办法可以让秦国富强，并能把河西收回来。

秦孝公就聚集起所有的大臣进行商议，商鞅主张不问出身血统，以上缴的粮食或战功论赏。奴隶杀5个敌人就能成为平民，再杀5个就是小官吏，以此类推。当时争论激烈，但是秦孝公还是同意了商鞅的主张，这就是历史上非常有名的"农战"制度。在这种制度的推广下，秦国逐渐强大。虽然商鞅后来被车裂，但其留下的功绩是永远不可磨灭的。

在历史上，"商鞅变法"是一次伟大的变革，由此使得秦国从弱小的国家跃为七雄之首，为以后秦始皇统一中国奠定了基础。对于一个企业来说，管理者应该建立良好的竞争机制淘汰末尾的员工，使企业充满着向上的活力。

第一，建立有效的员工淘汰机制，必须要具备相应的条件。如果没有相应条件，就会使"淘汰机制"流于形式，甚至起反作用。比如把优秀员工淘汰，而留下平庸的员工。首先，要建立有吸引力的薪酬福利制度，来吸此内部和外部人才的核心因素。其次，要建立有效的绩效管理制度。绩效考核是一个完整的系统，对绩效长期落后的员工进行淘汰，对绩效优秀的员工加以奖励，是保持企业活力、留住优秀人才的有效途径，是建立有效员工淘汰机制的关键一环。对企业的高、中、低层应该有不同的考核体系。再次，考核要有一定的透明度，不但要健全人才测评系统，还要通过人才测评系统对员工能力进行评估和考察，进一步确认导致员工工作业绩不好的具体原因，根据测评情况采取不同的措施。当然，企业拥有"公开公平"的企业文化氛围也是很重要的。对于企业来说，"公开公平"的企业文化氛围是企业实行员工淘汰机制的基石，企业文化是企业经营过程中不断沉淀形成的，它不是公司提倡的一种口号，而是大部分员工特别是高层管理人员的共同价值观。

第二，要用高淘汰率的方式来筛选员工。淘汰率的高低，要根据企业的特点进行制定，在职工的淘汰过程中，企业在确定淘汰对象时，不能只评价他目前工作业绩的好坏，还要通过对员工的能力考察，对该员工未来的潜力如何进行确认，根据员工的表现和未来发展能力做出决定。

通常来说，不合格的员工在企业内部起到非常大的负面作用。他们会对企业抱怨，把不良的工作情绪在企业内部进行传播，也会对周围的同事造成不良的影响。所以，在企业内部建立一套淘汰机制是非常必要的。淘汰员工必须要根据企业自身的特点，选择比较合适的方式，建立人才测评和绩效考核等企业内部管理制度，淘汰不合格的员工，对企业进行科学的管理。

第八章
你要会解危：关键时刻及时有效地规避风险

企业总是面临着各种危机，危机处理不慎容易出现"多米诺效应"。企业的管理者要保持清醒的头脑，不但要做到未雨绸缪，并要在危机到来之前准确地预见，保持冷静，找准危机的根源，当机立断，见招拆招，不但要平安地战胜危机，还要在危机中找到机遇。

随时警惕身边的危机，做到未雨绸缪

在前进的道路上，每个企业都可能随时陷入危机中，如来自同行业对手的竞争，来自财务上的资金链紧张，来自市场的负面消息，来自团队内部的懈怠，来自客户的倒戈等。从危险程度上看，危机随时会从初期的预警逐渐蔓延开，从单纯的隐患到灭顶之灾，单纯的压力也会提升到法律诉讼。如果不及时应对，很可能会让企业猝死。

当面对危机时，企业都会很无助，但企业并不是随时都面临危机，也不是每个人都有平等的机会去面对或承担相应的压力。企业的管理者要保持清醒头脑，要善于发现危机中隐藏的机遇，不要被各种内部的机制锁住。

2006 年 5 月，一名顾客购买的海尔冰箱时出现质量问题。由于某些原因，直到三天后海尔才给予调换。该顾客很气愤，在其博客上撰文宣泄其对海尔售后服务的不满。海尔售后部门看到该博客的抱怨后，立即采取紧急措施，派遣服务人员用两个大西瓜作为礼物登门道歉，及时与这位客户认真沟通他们晚到的原因，以及为什么三天后才把冰箱送到的客观原因。

海尔做出迅速反馈后，那位发表博客的用户在事后的反馈里写道："我很感动……因为我的一个帖子，海尔派人上门沟通，让我有点自我感觉良好，感到作为用户受到重视。"通过对博客的回帖中可以看到，人们对此事的看法有很大转变，从开始对海尔的负面质疑转变到客观中肯甚至是包容。很多博客留言表示海尔售后服务的周到是闻名于耳的，呼吁人们支持民族品牌，并对民族品牌多一些包容和理解。

由于海尔做出及时的反应，使事件得到圆满的解决，没有给海尔的企业声誉带来太大的影响。从事件的处理来看，对于危机的处理，海尔的反应速度非常灵敏，并且在处理危机的过程中，手法也是十分成熟老练，使海尔对企业危机的处理驾轻就熟。面对危机，管理者如何才能做到未雨绸缪？要做到以下几点：

第一，要进行危机总结、评估。对危机管理工作进行全面的评价，包括对预警系统的组织和工作程序、危机决策、危机处理计划等各方面的评价，并要对危机管理中存在的各种问题详尽地列出。

第二，要对问题进行整顿。危机的爆发应与企业的管理不善有关，通过评估总结提出改正措施，责成有关部门进行逐项落实，并使危机管理内容完善。

第三，要寻找商机。危机给企业制造另外一种环境，企业管理者应该利用危机对经营的新路进行探索，通过重大改革使危机得以扭转，并给企业带来商机。

第四，要引导舆论，让危机良性延伸，通过发现机会，使危机化险为夷。

第五，要进行总结分析。企业要重视危机事件后的分析总结，以避免重蹈覆辙。最好把这些花钱买来的经验教训列到企业文化和公司的规章制度中，成为公司的资产和品牌的价值。

第六，要奉献爱心，主动承担责任。只要有危机产生，多少会给企业和品牌造成一定的负面影响。企业除了要处理好危机公关，还要做好善后处理工作，恢复企业的信誉。

在处理危机时，企业一定要及时处理，要让企业驾驭危机的胆略和信心、对危机的处理方法和真相等准确、及时地传达给公众，主动出击，抢占各种传渠道，使事实得以澄清，为企业树立良好的社会形象，博得人们的好感与同情，以防止因误导而诱发不利于企业的联想。

防止危机出现"多米诺效应"

在日常的工作中，总会产生或存在违章现象，哪怕最初只是很轻微、偶然、个别的，都会给企业暗示性和诱导性地传递着产生危机的信息。如果企业对此置之不理、不防备，就会导致这种违章现象无限扩展，从而使隐患越积越多，最终将形成恶性循环，就会对整个企业利益造成不可估量的损失。也就是人们所说的"多米诺效应"。

企业应该加强各项安全管理制度，推进标准化作业，形成一套切实有效的预警机制。要积极鼓励和嘉奖生产实践中的"补窗"行为，加强正面激励，形成长效机制，引导职工自觉养成遵守规章制度的良好习惯，对生产中的每一个细节要注重。时刻想到细处、做到细处、见微知著，不断提高自己的安全作业行为。

战国时候，楚国有一个边境城邑叫卑梁，那里的姑娘与吴国边境城邑的姑娘同在边境上采桑叶。她们在一起做游戏时，卑梁姑娘的脚被吴国的姑娘不小心踩伤。冲动的卑梁人带着受伤的姑娘去责备吴国，而吴国人出言不逊，更使冲动的卑梁人非常恼火，气愤地将吴国人杀死了。

于是矛盾开始升级，吴国人报复卑梁人，将那个卑梁人全家不分青红皂白地都杀死了。卑梁的守邑大夫大怒，说："吴国人怎么敢攻打我的城邑？"于是对吴国发兵进行报复，将当地吴国人全部都杀死。吴王夷昧听到这件事非常生气，派人领兵侵入楚国的边境城邑，攻占城池后才离去。

接下来就在楚国和吴国之间发生大规模的冲突。吴国的公子光又率领军队在鸡父与楚国人交战，将楚军打败，并把楚国的主帅潘子臣、小帷子以及陈国的大夫夏啮俘获，并将郢都攻打下来，楚平王的夫人被俘虏。

起初只是很一般的纠纷，因为两位姑娘在一起玩耍，一位姑娘不小心踩了另一位姑娘的脚，结果两国互不相让，最终引发到国与国之间的大规模战争，直到吴国攻入郢都。这就是"多米诺效应"

的危害。如今在市场经济条件下和经济全球化的浪潮中，企业所面临的内部和外部环境，在任何时候都是变化莫测、错综复杂的。在企业内部会受到管理不善、决策失误、人才流失等影响，而企业外部由于政策法规、经济形势、社会环境等变化，都可能性引发企业危机。

在 2001 年《财富》500 强中，列名第七、拥有 500 亿美元资产的安然公司破产事件，引发了世界一连串 500 强企业的破产。2001年 12 月 3 日，安然公司申请破产保护，当时人们对于它的破产只当作美国有史以来最大的破产案而津津乐道，却没有意识到它的猝死会造成什么后果。然而相继发生的事情，让人们不再喜闻乐道，无法再乐观了。

12 月 12 日，宝丽来申请破产保护；2002 年 1 月 22 日，凯马特申请破产保护；1 月 28 日，环球电讯申请破产保护。在德国也发生同类的事情，4 月 8 日、5 月 8 日、6 月 12 日，德国最大私营传媒公司基尔希集团的四大支柱先后破产。

然而后续的事情竟是无休无止，安然的财务问题使其独立审计师安达信被牵出。2002 年 6 月 15 日，休斯敦联邦法院以妨碍司法公正罪，判处安达信"死刑"；2002 年 6 月 25 日，安达信的另一个客户世界通信爆出 38 亿美元的财务漏洞；接着，施乐公司承认虚报 14亿美元的利润。

除此之外，维旺迪的梅西埃因负债高达 71 亿美元狼狈离职；涉嫌财务欺诈的瓦克塞尔遭到被捕；负债 66 亿美元的菲亚特的莱雷拉失意而去。

"多米诺效应"一旦发生，带给人们的是恐慌，并产生一系列难以挽回的损失。在当初人们津津乐道地议论安然公司破产事件时，并没有想到它竟会带来如此大的危害。但危害还是确确实实地发生了，对于许多企业来说，都是致命的打击。作为企业的管理者，如何避免"多米诺效应"，并防患于未然呢？

第一，要对每一生产过程进行程序化管理，要对整个过程都能进行考量，这也是发现事故征兆的前提。并对每一个程序都要划分相应的责任，当出现问题时，使责权明确，在明确事故的责任时，将隐患消灭于最初状态，避免事故带来的巨大危害。

第二，要培养员工对事故的敏感性。根据生产程序的可能性，把每个程序可能发生的事故都要列出来，并要预测到发生事故的先兆，让员工们时刻对产生事故有着敏感性。并在每个程序上都要制定定期的检查制度，不管在哪个环节发现生产中有事故的隐患，应该及早报告，及时将隐患排除。

第三，找出危机的根源，并尽快着手解决。在生产的过程中，总会避免不了一些小事故发生。当发生事故时，一定要引起足够的重视，及时进行排除。如果当时人没有能力去排除，应该向安全责任人及时报告，以便使这些小事故的隐患及时排除，避免事故的扩大化。

在遇到危机时，企业应该以积极的心态去解决，而不是任由事态发展。《周易》说过："物不可以终通，故泰极否来。"由此可见，危机和机遇总是并存的，在面对危机时，企业持什么样的心态、采取什么样的策略和应对措施，就直接决定了其生死存亡。

危机来临时，管理者必须冲到最前头

每一场危机都会给企业的管理体系和市场运营产生较大的冲击。在发生危机时，要尽可能降低冲击，这是企业危机管理小组最重要的的工作，而其中一把手的能力和素质是危机管理成功的关键。

管理者的行为就是员工的直接表率。当管理者在危机来临时，应首先冲到最前头，处理问题时能沉着冷静地应对，不逃避相应的责任，就能够使企业化险为夷，从而走出困境。

对于一个负责的管理者来说，在危机中与企业员工同呼吸、共命运，激发起员工的士气，才能一起渡过难关。当然，首当其冲是主要的，管理者也需要用恰当的方法处理危机，否则，给企业带来的只能是灭顶之灾。下面的一则案例给我们提供了这方面的启示。

2001年9月3日，央视播出"南京冠生园大量使用霉变及退回的馅料生产月饼"的报道，令社会震惊。此事件被曝光后，南京冠生园决策者却采取对抗媒体、否认事实的处理危机方法，表示从来没有用回收来的月饼馅再炒制作新馅，只是用过去年没有用完的馅。

随后，南京冠生园发表致广大消费者的公开信，声称"不但歪曲而且完全失实！冠生园人坚信中国是法治国家，执法部门会依法对这一事件作出公正结论。对蓄意歪曲事实、毁损公司声誉的部门和个人，将依法保留诉讼的权利"。冠生园总经理就关于回收月饼接受媒体采访时，认为用陈馅做新馅在全国范围内是一种普遍的现象。此话一出，给整个月饼行业带来危机，引起全行业的共愤。

南京"冠生园陈馅"事件导致全国数十家"冠生园"蒙受重大损失。在新都冠生园，上千万的订单成为废纸，西安冠生园不敢上市，天津冠生园"退货电话没断过"。这些"冠生园"可谓遭到了"不白之冤"，它们纷纷表示，要向南京冠生园讨说法。

失败的危机管理致使南京冠生园股份有限公司停工，并被迫开始清算，价值3000万元的月饼静静地堆在仓库中。南京冠生园也由此彻底破产。

这就是管理危机不当所造成的致命危机。作为管理者来说，一定要对事态有个正确的认识。由于南京冠生园总经理一句出言不慎的话，竟使得整个行业遭受巨大的损失，最终把自己也推向破产的深渊，彻底地走向了破产。这简直就是血一般的教训！作为管理者，如何才能临危不惧地处理好危机呢？可以参考以下几点：

第一，企业管理者首先应该树立积极的危机意识，有科学的危机观。企业的科学的危机观不仅反映企业的业务素养，而且也是策略化、艺术化、实效化处理危机的保障，是预防解决危机的最好办法。企业应该以长期发展的战略经营，时刻加强自我监督和管理，要懂得产品是企业立足的根本，不要因为缺乏道德观和诚信而使企业陷入危机。

第二，要使企业建立一套危机管理系统。在很大程度上，企业在社会中的形象和地位决定其兴衰。预防危机必须要建立高度灵敏的危机管理系统，加强从产品质量到服务水平再到服务态度的基本功修炼，做好基础性工作，牢牢把握质量关，从源头上杜绝发生危机。

第三，当危机来临时，管理者一定要直面问题，面对现实，不仅要敢于承担责任，并要成熟、理智地稳住阵脚，从容应对。一旦发现问题，就要毫不犹豫地正视；一旦感到情况不妙，要进行彻底大检查；一旦发现危机来临，立刻通过传播媒体及时将危机的真实情况向各界通报；当危机降临时，就要集中所有部门的力量和意志来应对。在关系到企业生死存亡的形势下，没有什么比求生存更重要的。危机处理的难度与企业处理危机的速度成反比，速度越快，危机造成的损失越小。一般在危机发生起初的 24 小时，就已经决定了危机的走向。

第四，在学习西方危机管理的同时，也要运用我国传统文化的思想来管理危机，正确地把危机转化成商机。发生危机后，企业需要做到决策果断，态度负责，处理冷静。有到位的措施，宣传要有效。这样不但能使危化解，而且还可以使危转化成商机，这也是老子所主张的"祸兮福所倚，福兮祸所伏"辩证思想的体现。

作为企业领导者，掌握好企业危机管理方法和策略是至关重要的，一定要处置得当。只有处置得当，危机或许变成契机。危机来临时，管理者一定要站在最前沿，坚持诚信，洞察形势，严守道德，即便是八方风雨来袭，也能使企业岿然屹立。

当机立断的决策能在危机中稳定人心

在解决危机时，速度起着关键的作用。当危机降临时，管理者应该保持冷静，采取有效的措施，使危机远离，并要在第一时间查出原因，找准危机的根源，快捷、迅速地消除公众的疑虑，并以最快的速度启动危机应变计划，制定相应的对策。

如果危机是由内因所致，就要下狠心对其相关责任人进行处置，给受害者及舆论一个合理的交代；如果危机是外因所致，应该对企业的战略目标及时进行调整。在危机发生后，要同新闻媒体时刻保持着密切联系，借助权威性、公正性的机构帮助解决危机，承担起对公众的物质和精神补偿的责任，做好恢复企业的事后管理，使企业危机得以有效迅速地解除。

1964 年，王安推出最新的用电晶体制造桌上电脑开始，就开启了电脑公司成功的历程。3 年后，因为一个意想不到的机遇，使王安公司腾飞起来。之后，以年收入高达 30 亿美元的成就使王安电脑公司达到它的辉煌时期。但风光无限的王安公司却开始走下坡路，最终以申请破产而告终。

为什么曾经叱咤风云的王安电脑帝国仅仅坚持几年的时间就崩溃了呢？有人为其分析出三种原因。

第一个是晚年的王安失去进取精神，判断力趋向迟钝，不听下属的劝告，在经营上故步自封，因失误造成很多损失。

第二个原因是王安不顾众人的反对，极力任命才识平庸又不了解公司业务的儿子王烈为总裁，最后导致部分高层管理人员愤然离去，使公司元气大伤。

第三个是最为关键的原因，就是决策的优柔寡断。当其他公司致力于研发个人电脑时，王安公司却在新产品是否上马问题上优柔寡断，没有及时做出坚决的选择，于是就让机会在自己的面前悄悄溜走，跟不上时代发展的潮流。没有客户期待的新产品，公司就逐渐走向滑坡路。

在发展机遇决策面前，该断不断，必受其乱，使得一个辉煌灿烂的电脑帝国走上了末路。王安电脑帝国的毁灭让人们看到，一个企业要基业长青，必须紧跟时代潮流，遇到商机时，企业领导者应该及时果断地做出决策，否则就会使机会悄然而逝，使原本蓬勃发展的企业走向滑坡路。

杰伊·戈尔兹是靠从事图片镶框生意发迹的美国商人，从当初的镶框生意发展到如今的生产、零售和售后服务的连锁企业。在谈到自己创业心得时，他将解决各种冲突作为自己工作中必须的管理策略。

如果员工没有突出的业绩，他不会把让他们留在工作岗位上，毫不犹豫地将其开除；面对有些顾客无根据的折扣，或是不知道原因就退货的这种小冲突，一定要找到原因，并给予解决，否则就会使自己的生意受到影响，甚至导致破产。

一次，杰伊·戈尔兹在检查产品时，发现一些镜框的框边印迹模糊、潮湿，而产品供应商是行内一家很有名的框体生产厂家。当他打电话询问时，对方的回答是："在该行业的标准来说，这种框体是好的。"

听到这样的解释，杰伊·戈尔兹发怒了，他毫不客气地对对方说："你所谓的行业标准太低了，这些框体会在我的仓库里等着你。"对方看到其强硬的态度，立即改变语调，问他该如何补偿损失。于是杰伊·戈尔兹的一句话将一个小冲突扼杀在萌芽状态中。

杰伊·戈尔兹之所以取得成功，就是因为他做事当机立断，不管是在公司内部还是对外，他都不会无原则地妥协，时刻地维护着公司的利益，使公司避免出现危机。管理者如何才能在面临危机时当机立断呢？可以做到以下几点：

第一，要有敏锐发现问题的目光，要有善于决断的胆识和勇气。要准确把握好企业发展命脉，在关键时刻做出决策，及时对经营策略进行调整，转移战略方向。最聪明的猎人就是在冬天来临时，拿出猎枪将冬眠的动物作为自己的猎物，而不是在食物匮乏时再寻求发展。

第二，管理者要"听人言、让人言"，忌刚愎自用。一名合格的企业管理者应该果断利落、刚性十足，学会"宽恕和容纳"。有句话这样说，大小之辨析因人而异，轻重之权衡各有不同，所谓"仁者见仁，智者见智"，由于个人思考角度和思维层面不同，每个人都会有自己看待事物的角度，管理者不能独断专行，需要耳听八方，听听别人的声音。

第三，要冷静地思考问题、观察问题、处理问题。冷静是高超的管理艺术，也是管理者所必须具备的基本素质。当复杂棘手的问题出现时，当突发性事件出现时，当各种矛盾交织僵持不下时，管理者就要凸显其作用。而决策的勇气与魄力来自综合各种情况后做出的冷静判断。古人曾说，"勇者，骤然临之而不惊"，草率武断是决策的大忌，而沉着冷静是决策的前提。

现代商场上没有一帆风顺的企业，困难、危机是横在企业经营和发展道路上的一道道障碍，跨过去，就能使企业向成功迈进一步。企业领导者在面对困难、危机时，一定要当机立断，冷静、果敢地做出处理问题的决策，先将人心稳定住，然后再一步步使危机得以化解，并在化解危机的过程中，为企业寻得发展的机遇。

管理者要善于在危机中找到机遇

不管是企业还是个人，在其生存和发展中总会遇到各种各样的危机。这些危机或小或大，或浅或深，或长或短，或隐或现，但不管是什么样的危机，都要探求危机的实质。虽然危机是客观存在的，但只要在危机来临之前学会沉着冷静地面对，不管是个人还是企业都能找到危机中的机遇，不仅可以化危为安，还能在危机中向更高层次提升。

危机的到来并不讲究情分，说来就来。悲观的论调把它看作世界末日，而乐观的态度则把它当作危险中的机会。所以谁能在危机中做好准备，就能规避危机带来的风险，进而迎接新的发展机遇。"冰冻三尺，非一日之寒"，危机的产生也并非朝夕之功，所以应对危机也是一个漫长复杂而又艰巨的过程。在这一过程中，如何才能在危险中觅得机会，并把握住那些稍纵即逝的机会，是考验管理者的最大尺度。

1978 年，莎莎起步第一天的生意只有 32 港元。30 年后，莎莎年营业额近 30 亿港币，成为亚洲最大的化妆品连锁店。到 2011 年，内地莎莎店将达到 100 间。

在香港，每两秒钟莎莎就有一笔交易发生。10 秒钟就能卖出一支口红，12 秒钟能卖出一瓶香水。在这些购买者中，至少有四成是中国内地客人。

在非典肆虐之时香港零售业呈现一片凋敝时，莎莎的管理却组织员工待在屋里一起学说普通话。当时公司里没有裁减一个人，虽然管理者当时也很担心，但他们却信心十足地相信一切都会过去，并要在其中抓住机会。

如果问去过香港的内地游客，是否去过莎莎，大多数人都会点头。作为经营化妆品的零售连锁店，莎莎几乎遍布全港所有的繁华商业区，凭借比内地市场便宜近一半的低廉价格吸引着纷至沓来的内地游客。截至 2007 年低，莎莎年营业额近 30 亿，是亚洲最大的化妆品连锁店。

莎莎的成功证明了，当风险来临的时候，企业面临的不只是危机，还有机遇。莎莎就做到了在危机中发现机遇，当香港零售业几乎全线崩溃之时，他们认准了内地这个广阔的市场，组织员工学习说普通话，凭着商品比内地市场低近一半的低廉价格，逐渐开拓开内地的市场，后来经过不断的发展和拓宽，成为年营业额近 30 亿元的、亚洲最大的化妆品连锁店。

在历史上官渡之战是很有名的，当时的曹操和袁绍实力的对比非常悬殊。曹操兵力非常薄弱，想与兵力雄厚的袁绍作战，根本就是以卵击石，毫无胜算。而袁绍却拥兵百万，肯定能胜券在握。然而，作战之后的结果却出人意料，兵力薄弱的曹操竟打败了实力雄厚的袁绍。

这是什么原因呢？有人会认为这是因为曹操的谋臣比袁绍的有智谋。可是袁绍身边也不乏优秀的谋臣。否则他怎么可能有机会在乱世中争得一席之地呢？那到底是什么原因呢？其真正的原因就是曹操知道凭自己的兵力硬拼肯定打不过袁绍，他寻找机会，从险中求胜，最终在许攸的帮助下，找到袁绍的弱点，从而一举打败袁绍。

这就是作为管理者从危机中找到机遇并取得非凡成就的典范。它可以使本来处于劣势的曹操打败实力雄厚的袁绍，所以任何险境都是一分为二的。作为管理者，如何才能在危机中找到机遇呢？

第一，要调整经营理念。企业在经营的过程中，总会面临着很多未知和潜在的风险，当危机到来时，要夯实企业和品牌生存发展的基础，对行业发展提出更加严格的要求。同时，很多品牌在以前调整增长中被掩盖掉，如增长依靠品牌整合，核心竞争力不强，综合优势不明显，品牌技术含量不高，都会逐渐显现出来，需要企业尽快加以克服。

第二，改变传播方式。充分考虑并把握好投入与产出的关系，投放的媒体与目标受众的关系，目标市场与投放的范围之间的关系，品牌成长周期与投放的节奏的关系。既要减少无序、无谓、无益的广告投放，也要充实传播的内容、方法和效果。

第三，要加倍重视终端。在多种因素的作用下，销售终端在终端陈列、消费引导、品牌宣传、产品培育等方面的作用就会更加凸显出来，对于品牌宣传将产生更加积极的效果。对零售终端的重视，需要通过优化方法、加大投入和更新手段来实现，要着力调动终端的销售积极性，提高品牌培育的能力，从而使品牌培育的效果得以提升。

第四，要有所不为。优化市场分布，着力打造品牌的核心优势，特别要重点培育好核心规格，提高品牌的核心竞争力。所以在应对危机时，需要选择有所为而又有所不为的指导思想，有所不为不是使投入降低，减少付出，而是要将有限的资源投入品牌最为需要、最有价值的产品和市场当中去。

第五，进一步控制成本。节流与开源永远是经营中两个最重要的环节，当危机已经影响到开源的情况下，节流的作用是显而易见的，要着眼于从点滴做起，从细节做起，从眼前做起，积少可成多。

危机并不可怕，可怕的是没有信心去面对。危机中肯定会有机会，只要有战胜危机的信心，对形势有个客观冷静的判断，寻找到向前发展的机会，发挥管理者卓越的能力，就能使企业在危机中获得更大的提升。

见招拆招，没有过不去的坎儿

当企业面临危机时，管理者应该有"道"亦有"术"，做到见招拆招。危机管理的"道"是根植于社会责任感与企业的价值观，是企业得到社会信任的根基。危机管理的"术"是危机管理的操作方法与技术，它需要通过训练和学习来掌握。而危机管理之"道"则是企业危机之"术"的纲。

就其本质而言，危机应该是无可预知，也没法提前应对的。而大多数企业对于危机往往采用亡羊补牢方法，使得企业处于很被动的地位，而见招拆招则是成本最低、防备危机最简单的方法。需要管理者在处理危机时具有高超的应对能力。

北染公司是由北京染料厂和兰太实业公司合资组建的一家精细

化工企业，主要从事靛蓝颜料的生产销售。2008 年金融危机爆发前，这家企业主要生产 LD 靛蓝产品，主要针对国际市场销售。

在危机爆发前，公司领导从市场订货中发现订单明显减少，于是及时对生产规划进行调整，安排职工对设备进行检修。金融危机爆发后，这家企业将库存的产品及时销售出去，没有造成产品积压。

在持续的金融危机中，出口市场日见萎缩，这家企业又从创新科技入手，组织产品发研中心科技人员进行新产品成本开发。过去生产的靛蓝产品主要针对高端市场，这家企业又开发了针对国内市场的 LB 靛蓝产品使内需要扩大，以优惠的价格和优质的产品迅速占领国内市场，新产品 LB 靛蓝产品销量也达到每月 200 砘左右，等于开发了一个新的市场。

北染公司每一步都走得那么稳，面对日益来临的金融危机的步步进逼，企业见招拆招，由外到内地扩大市场的占有率，不但使公司避开金融危机带来的危害，而且还在国内又开发出一个新的市场。同样，面对金融危机，下面的企业也做得很明智。

欧盟、日本和美国是宁波市纺织品和服装出口的主要市场。当全球金融危机爆发后，欧、美、日等传统市场进口需求下降，特别严重的是对高档服装的采购量明显萎缩。"变则通"，宁波市服装企业瞅准国际市场需求的变化，迅速调整产品和市场结构，积极创新营销模式，全力捕捉危机中的新商机。

首先，"宁波装"增加了中档产品出口比例，并使部分高端市场萎缩的空白予以填补，让部分大衣面料成分，主动放下自己高贵的身价。面对金融危机的影响，宁波市部分服装企业还"反弹琵琶"，纷纷减少低档针织出口业务，转向生产女装、运动装、休闲装等具有竞争优势的高档产品，以质取胜。

内外销并举，是"宁波装"应对金融危机的又一重要策略。过去"爱伊美"的产品90％依靠出口，而现在外贸出口额占整个公司的销售额比例已经缩减到50％。一半左右的服装企业准备开拓国内市场。

超前的营销模式也是"宁波装"成功驾驭国际市场的法宝。它们在国外设立销售部和产品开发设计部，从而紧紧地把握国际市场的脉搏，利用当地的设计人才，快速设计出当地即时流行的各种时装。

对于企业来说，面临的危机可能是单一的，但解决的方法却是多种多样的。企业的管理者应该不失时机地看准危机的方向，找到最可行的办法，见招拆招，就能很安稳地度过危机，并在正确处理危机的基础上，为企业带来无限的发展商机。企业领导者如何才能做到见招拆招呢？

第一，要努力在困境中寻找转机，勇于承认企业内部存在的危机。如果危机发生后，企业不向社会承认已经存在的危机，就会使公司陷入更糟的境地。发生危机情况时，迅速与公司的顾问共同商讨处理危机的对策。

第二，要区分市场营销和公共关系。尤其是当公司面临公关危机时，更要赢得公众的信任。企业一定要掌控好舆论，维护好自己的公关形象，不能丧失自己的诚信。

第三，一定要有敏锐的洞察力，及时对危机进行处理，不要被动地等到情况好转后再做处理，一旦危机拖到失去控制的状态，就不可能再占据有利地位和时机，一定要快速地处理。

第四，建立危机管理机构，拟定危机管理计划。对员工进行危机应对的教育培训和演习，建立危机资料管理库，让企业从中吸取经验教训。

太极中的"顺手牵羊"和"避实击虚"练的就是见招拆招的功夫，虽然不能预测到你的想法，但对你目前的动作意图了如指掌，并能找到破解的方法，还能在大脑中快速地制定完备的对应策略。危机意识就是你心中的一根弦，不管在什么时候都在提醒你不能盲目自信，要相信自己能练就见招拆招的真功夫，以应对变幻莫测的市场，从危机中转危为安。

第九章
你要会当副手：成为大老板心目中最得力的人

在团队中，管理者要摆正自己的位置。时时刻刻配合好上司的工作，不要在老板面前报怨自己的下属，正确对待上级命令的执行力。在公司里要有领先的意识、逆向思维，不断提升团队的创新效果，成为大老板心中最得力的人。

摆正位置，当得力助手而不要随声附和

孔子在《论语》中讲道："在其位，谋其政；不在其位，不谋其政。"也就是说，不应该做的事就不要去做，这样就可以有精力和时间去做该做的事，也会使该做的事容易做好。

如果把中层管理者比喻成为球场上的教练，那么基层管理人员就可以比喻成队长，不但在场上要指挥队友共同进攻，更要身先士卒，冲锋陷阵。对于企业来说，他们是不容忽视的中坚力量，是企业发展的基础，又是企业人才的后备军。无数优秀的管理者，都是从基层做起的。所以，学会如何做好一名合格的管理者就显得尤为重要。

微软创始人比尔·盖茨是计算机领域一位卓越的天才，当他做经营时，就会全力投入公司的运营和管理，将技术方面的工作彻底放下。当他搞技术研发时，又彻底离开管理岗位，委派他人进行管理。结果证明他的做法是正确的，不管做什么工作都能全身心地投入，当然就能成功。

所以，一个管理者应该摆正自己的位置，切忌芝麻西瓜一起抓，否则就会因为管理权限分散而导致不良后果的发生。

在美国印第安纳州的一家医院里，医院里一名男实习医生和女实习医生的工作态度截然不同。男医生每天不会上班迟到，也不会早到，

而且与自己无关的事情不会理会。当病人来求他时，与自己无关的事情，他会笑着说："请你去找护士，这不是医生的职责。"而另一位女实习医生却非常热心，除做好本职工作外，她会帮助患者量体重，喂他们吃饭，帮助患者制定食谱等其他杂事，每天都忙到很晚才能下班。

在年末时，医学院评选 5 名最佳实习医生，很出人意料的是，那位勤劳肯干的女医生却与最佳实习医生无缘，而那位男医生却是赫然上榜。至于他们为什么会得到不同的待遇，院长是这样解释的："女医生之所以落选，是因为她负责过头。对一名医生来说，职责就是为病人看病，而一个的人精力毕竟有限，如果什么都去做，必然会手忙脚乱，疲惫不堪，其他事情也不一定能做好。即使能把其他事情做好，但为病人看病是医生的主要职责，帮助病人量体温是护士的工作，喂患者吃饭有护理人员做，推送病人去检查是运送员的职责，而为病人正确诊断与治疗才是医生的职责。每个人做好自己的本职工作，才是评优秀的首要标准，而她的爱心是另一回事，毕竟此次评选的是最优秀实习医生，她算不上合格。"

从以上案例中可以看到，一个人在工作中摆不正自己的位置，即便是自己做了大量的工作，如果安分于自己的本职工作，也被认为是不合格的。所以，一个优秀的管理者，应该对自己在企业所担任的角色有明确的认识，不但予以明确，更应该协助自己的上司，成为顶头上司的得力助手。如何才能做到呢？除了具备管理者所具有的素质外，可以从以下几个方面入手。

第一，要摆正自己的位置。在工作中，任何一个职员都有自己的正确位置，位置也决定管理者的权限和职责，一名好的管理者必须掌握好上下沟通和组织协调艺术。到位而不越位，时刻维护着上级的核心地位，充当好上司真正助手，自觉尊重、服从上级的领导，领会其要求和意图，把配合、协助工作作为自己的主体意识，形成一个稳定、统一、和谐的上下级关系。

第二，服从而不盲从。作为上司的助手，中层管理者要积极地配合上司工作。但配合并不等于盲目跟从，在服从的同时，也要使自己的主观能动性得以发挥，积极地创造性开展工作，向上司建言献策，成为领导工作中的参谋和助手。

第三，不要盲目迎合。要在工作作风和工作方式方面主动配合上司，使彼此达到一种心理默契的合作。不但要服从上司的正确领导，配合好工作，还要有自己的主见，不盲目迎合，补台而不拆台。在实施决策的过程中，要充当主角的角色，工作中应该身先士卒，竭尽全力，特别遇到繁重的任务时，更要主动提出增加工作要求，多承担任务，替上司排忧解难。

意识与决策应该在行业内领先

作为企业的管理者，他必然是一位战略家，眼观六路，耳听八方，拥有超前的思想。他做出的决策是出于长远、战略的考虑，而不能只考虑到当前。应该要看到 5 年后、10 年所属行业发展的走向。如果这些看不清楚，就会影响到决策的执行力，就没法给企业定好位。作为管理者，其思维肯定是系统化的，盲目的管理者无法预知出企业前面的走向。只要找准方向后，实实在在地干下去，并在关键的时候冲到第一线，在超前的系统思想中，果断地决策，就能成为实实在在的实干家。

2004 年 7 月，7 天连锁酒店创立。当初它只有三家分店，但时隔 6 年，7 天连锁酒店已经遍布全国，开到 1000 家分店，发展的会员超过 2000 万。在这 6 年的时间里，7 天连锁酒店从酒店业脱颖而出，不仅实现从行业之末到行业前三名的跨越，而且在美国纽约证券交易所成功上市。这就引发人们对 7 天连锁酒店的兴趣，凭什么 7 天连锁酒店会做到这点？是 7 天连锁酒店的技术、人才，还是资金、服务？或者是企业文化？

当然，一个成功的企业，以上所说的条件是必须要具备的，但是哪个企业没有人才？资金和企业文化也是所有的企业所必备的，但为什么 7 天连锁酒店就能做到别的企业做不到的事？

经过仔细分析可以看到，企业的发展与企业领导人的观念有着重要的关系。每天世界都在诞生着许多新的企业，有许多企业可能走向衰败和消亡，有的企业能长盛不衰，也有的企业昙花一现。当然也有企业能够持续发展壮大，但从辉煌归于沉寂的企业也不在少数。面对企业的千变万化，以及企业起起落落，决定企业生存和发展的是什么呢？是观念，也就是掌舵人的个性特质，也是一切人生财富的心理根源。

7天连锁酒店起步时就建立起了信息系统。由于拥有由实时的电子商务系统支撑的会员制，即使是在对手领先的区域，7天连锁酒店也可以不去占据核心路段，而选择在核心路段的附近开店。每次入住的会员，都是有目的性地直奔7天连锁酒店而来。7天连锁酒店的SNS平台有效地把其会员们聚合在一起，并不断地自发性扩张，从而形成一个正向循环。这个雪球就越滚越大，6年内它的会员已经达到2000万，会员入住率在90%以上。

对于一家成功企业来说，必须有个成功的管理者，因为他的意识和决策直接影响到企业的发展。而在上面的案例中，7天连锁酒店的成功，也就说明了这点。

娃哈哈的成功，是从观念的一步步创新中转变而来的。宗庆后说："我们取得成功最重要的因素，是我们的观念。从小到大，从无到有，如果没有我们观念的转变，我们娃哈哈就没有今天。"

都说娃哈哈从儿童身上赚来了第一桶金。当时，国家正实行计划生育政策，一对夫妇只有一个孩子，非常地宠孩子。而当时从事儿童产品的厂家还没有。于是这个空缺被娃哈哈瞅准，大胆创新，敢为人先，对准儿童市场。在这个时期，由于其他企业的观念还没有转变，就使得娃哈哈的名声一跃而起。

1992年，已经初具规模的娃哈哈没有满足现状，为了使生产扩大规模，大胆兼并了当时有2000多名职工和6万平方米厂房的杭州市某罐头厂，而当时的娃哈哈只是一个有100多人的校办小厂。敢于做出这样的决策，企业决策者观念的更新迅速由此可见一斑了。具备这样的生产规模后，在市场经济的大潮中，娃哈哈顺风顺水，飞速前进。

娃哈哈的"非常可乐"有这样一则广告语："中国人喝自己的可乐。"而当时，娃哈哈可乐已经与法国达能公司合资。宗庆后认为，这也是一次观念的创新，因为当时有很多人认为这样做不合理。宗庆后说："现在全球经济一体化，今后的市场竞争会越来越激烈，企业如果不能形成规模，就会使核心竞争能力得不到提高，从而无法长久生存。娃哈哈与达能的合资将给自己带来更大的生存空间。"

如果决策者当时没有快速决策，或许娃哈哈就没有今天的发展。娃哈哈的成长是在不断的创新中展开的，他们做别人想不到的事，有着很高的超前意识，以更快捷、更有新意的意识和决策给自己提供更大的生存空间。作为决策者，如何才能做到领先的意识与决策呢？

第一，决策者要走访市场。决策者必须经常走出办公室，去了解一手资料，了解为什么大家不执行决策，是员工的问题，还是命令本身有问题，或是市场遇到什么困难。

第二，要收集信息和拓展上传通道。仅靠走访了解市场一线情况，虽然直观，但不全面，应该建立更多的信息通道。可以采用设立一些可能会流于形式的市场信息的日报表的下策，也可以采用建立信息平台的中策，或是设置专业信息岗位的上策。

第三，制定好决策。根据多方信息的反馈，上级领导的专业研判，并配合专业数据分析模型，就能使市场或管理方案产生。

第四，要使决策完善。完善决策有三个步骤：权限控制、议会控制和实践验证。在完善科学决策时，首先要建立和完善重大问题集体决策制度。重大决策特别是事关人民群众切身利益和长远利益的公共决策，必须要深入调查研究，广泛听取意见，在进行充分调研的基础上，由集体讨论决定。未经集体讨论，任何个人不得做出决策。

"谋事在人，成事在天"。很多东西总无法完全掌控，无论思考多么细，布置多周密，总有想不到的一环，企业不光要善于处理这些意想不到的情况，而且要科学细致地思考，管理者拥有超先的意识和决策，可以做到事半功倍。

在下属面前不要说老板的坏话

在一个企业中，作为中层管理者，要时时刻刻记住：只有配合好上司的工作，才能使你的上级获得提拔机会，公司的业绩才能不断地提高，这样你才有更好的发展空间。当你的能力被上级推荐或直接被上级发掘出来，就是你实现人生飞跃的机会。

作为中下级管理者，要随时想着如何帮助上级，而合格的领导都是从下级中成长起来的，只有做好合格的下属，才能有机会做领导。即便是发现上级有些错误或是不足，也要积极地建议，默默给予扶持，以他的成功来成就自己的发展。所以要做优秀的领导者，应该先做个杰出的下属。

小雨在一家刚创办一年多的公司里担任市场部经理。从公司刚成立，小雨就进入公司了，在半年内不仅成功开拓了本地市场，也将公司业务发展到全国的市场，在行业内使公司迅速成长为知名企业。但小雨对自己的顶头上司却一直心怀不满，认为上司的能力太差，与自己根本没法相比。但觉得老板给自己的薪水还能算可观，才一直待着。

在日常工作中，她变得不由自主地跟上司对着干。在一次公司召开的大会上，老板想要到海外拓展市场，并让小雨着手办理。小雨觉得这件事情有些可笑，便当着大伙儿的面儿否认这件事情的可能性，觉得国内市场还没稳固，又如何能开辟海外市场。

小雨本来觉得同事会觉得自己的言论有远见，体现她超人的能力，却没想到从那件事发生后，所有的同事都开始对她敬而远之。之后一位比较要好的同事告诉她："你跟老板较量高下有什么意义？既然他是你的老板，应该努力扶持他。如果觉得老板做出的决策不正确，你可以私下里跟他商讨，或是觉得老板不够格，你可以选择辞职，干吗当众跟老板对着干呢？"小雨这才认识到自己的错误，觉得公司里待不下去了，只能选择辞职。

每个人都有一定的能力，小雨觉得自己算是在公司里能独当一面，就不把老板放在眼里。而她却忘了，老板才是这个公司的核心。你要脱离这个核心，只会将自己孤立于这个团队之外，从而让自己陷入非常不利的境地，而目无上司的小雨也只能选择辞职。

作为中层管理者应该怎么配合上级的工作呢？

第一，要胸怀全局。管理者只有胸怀全局，对企业的核心价值观有深刻的认识和体会，就能忠诚于企业的可持续发展之道。当高层管理者做出失误的决策时，中层管理者除了服从外，也要积极稳妥地把自己的意见和建议反映给上级，力求修正决策。而且还要在执行中采取措施降低或减少因决策造成的损害。

第二，在向上级反映自己的意见和建议时，要敢于指出和弥补上级的失误。而指出上级的失误不一定非用逆耳之言，有些人认为"忠言逆耳利于行，良药苦口利于病"，但如果能达到治病的目的，"忠言不逆耳，良药不苦口"难道不更好吗？所以，用"迂为直"的战术可能起到更好的效果。

第三，要熟悉、了解上级的心理特征。管理的工作需要得到上级的帮助和支持，为了团队的共同目标，有时对上级要进行规劝和建议，离开良好的心理沟通就会失去效用。不要有太强的个人动机，或投其所好以取悦上级的目的。

第四，要设身处地为上级考虑。上级在工作中也有自己的难处，不要强上级之所难。作为中层管理者，要体谅上级的苦衷，不给上级增加无法解决的难题。要有耐性，经得起反复和挫折。当下级的认识高于上级，要取得上级的支持时，必须要有不怕反复、不怕挫折的精神。要反复向上级说明自己的观点，使上级逐步了解新建议的内容和好处，从而说服上级，取得上级的支持。

作为中层管理者，不仅要有具备全局眼光，还要有局部行动能力，才能算得上企业不可多得的将帅之才。为其将者，因其有完胜一役之能力；为其帅者，因其有运筹全局之谋略。只有这样的管理者，路才会走得更远、更广阔。

在老板面前别抱怨下属，否则只能说明你无能

作为中层领导，权力小但责任大，处于领导与下属之间，责任全在自己身上，却行使着有限的权力，当然会很难做。管理者在管理公司成员方面遇到困难时，在自己的实力还没有被充分认可之前，千万不能在老板面前报怨自己的下属，否则最后受伤害的只能是自己。

遇到事情最好先想办法扭转情势。不管你采取什么样的方式，唯一要做的是向老板证明你的能力，让老板认为少你不行，你有着足够的价值，是可以信赖的。

小莉是一家民营企业的中层经理人，大家都认为她的人缘好。不仅下属对她满口称道，老板也对她赞赏有加。她的销售业绩更是日渐攀升。为了保持公司销售业绩的良好态势，小莉每天花大量时间摸索和研究市场，但在老板的眼里，她的业绩永远不够好。

在小莉的眼里，老板逐渐加大业绩额度是很正常的，作为公司的销售经理，要坚决执行。而她手下的几个销售人员，却总被老板

要求的业绩额度压得喘不过气来，情绪低落。小莉一边对产生消极怠工情绪的员工及时进行处理，一边花心思培训员工提高销售技巧。当员工因消极怠工情绪影响到公司的正常运转时，小莉会毫不留情面地做出严肃处理。爱护下属又保持宽严相济的公平原则，在各方面的关系中，小莉都处理得恰到好处。

这就是一个很优秀的管理者，对于上司做出的决策，坚决地执行；当下属员工在工作中出现消极怠慢情绪时，她不是到老板那里诉苦，而是采用各种方法去解决问题。所以她不但赢得员工的好评，也使老板对她赞赏有加。

对于中层管理者来说，要有效地行使自己权力，就不能出现越权的行为。对于管理者来说，一定要知道，对于顶头上司来说，自己也只是辅助作用，上要处理好跟上司的关系，下要帮上司打理好与下属之间的关系，管理者如何才能做到这一点呢？

第一，要扮演好自己的角色，树立自己的权威。很多管理者都会抱怨自己的下属如何缺乏创新意识，如何顽劣……但却意识不到为什么员工会这样，问题根源出在什么地方。为什么人们会说"强将手下无弱兵"，而狮子带领的羊群能够打败狼，这意味着什么？中层管理人员，对下代表公司，对上代表员工，当公司出现信任、沟通危机的端倪时，作为中层管理人员应该对自己的工作进行反思，自己是否将工作做到位了，是否扮演好应该扮演的角色了。

团队的管理者首先应该是团队里面个人道德和工作业绩的榜样。作为管理者，一定要用自己的行为去弘扬团队和公司的文化。榜样

不是说出来的，而是要用实际的行动做出来。所以中层管理者不仅
要做到以身作则，身先士卒，还要积极听取员工的意见，使公司的
制度趋于完善。

第二，要打造企业的团队，培养自己的下属。团队的运转不需
要天才，企业管理也不需要天才，需要的是团结有凝聚力的队伍。
所以中层管理者在用人时，不要吹毛求疵，一个人的才能、信仰和
处事原则均可以通过他的行动表现出来。在任用基层管理人员时要
先观其行，再听其言，培养好自己的左膀右臂，建立好企业的人力
资源体系，才会使管理越来越轻松，效率也会越来越高。

中层领导的权力来自于他的上司，如果没有上司的支持，一切
都无法执行。这个简单的道理，一直被中国历史用鲜血证明着。那
些权倾一时的显贵，平时呼风唤雨，但一不小心就会被打入天牢。
毕竟他的权力来自于皇上，一旦皇上收回权力，他就什么也没有。
作为中层的管理者，也要用自己的实力证明，你能胜任自己的工作，
以得到上司的支持。

对于老板的指示，先答应下来再努力完成

上级命令的有效性取决于下属接受命令的程度，如果中层领导
不服从领导或组织的指示，就是否定上司权威的行为。对于与这个

组织休戚相关的所有人来说，都会构成一种威胁。

作为一名出色的管理者，在任何时间以任何方式去执行管理者所交代的任务时，都要以积极乐观的态度去完成，不应存在一丝抱怨的心理。

2006年，正是MBA（工商管理硕士）教育发展的巅峰时期，管理学家亨利·明茨伯格教授对现行商学院的教学模式却进行猛烈的抨击，他出版的《管理者而非MBA》在业界引起了轩然大波。

作为一名学者，他深知目前MBA教育的弊病，他用了4年时间创作出这样一本让MBA们瞬间投入地狱的、不可一世且高高在上的著作。他声称："这本书我用了4年来撰写它，用了15年来发展它，用了35年来思索它。"前后10年的探究，使这位管理名家对正值巅峰时期的MBA教育有了理性的思考和洞见，促使管理者和企业家们去反思、审视MBA教育的是与非。

在国际管理界，加拿大管理学家亨利·明茨伯格被称为叛逆者。但他却是最具有原创性的管理大师，对管理领域常常提出打破传统及偶像迷信的独到见解，是经理角色学派的主要代表人。

他所著的《管理工作的实质》，在被15家出版社退稿之后，于1973年最终出版，从而大获成功，并奠定明茨伯格极具影响力的管理大师地位。管理工作的观察与研究，迄今无人能超越他。

管理大师明茨伯格在这本书的前半部分，详细阐述了他的观点："MBA是把错误的内容教给错误的人。"后半部分介绍他于7年前与英国兰开斯顿大学乔斯林教授联手创立的国际实践管理硕士项目管

理模式，与 MBA 教育截然不同。随着欧洲商学院、印度管理学院和
日本神户大学的相继加入，如今 IMPM（国际实践管理硕士）已经
形成一个国际联盟。

成功很大程度上取决于执行的力度，虽然亨利·明茨伯格一度
被认为是叛逆者，而且他书稿曾被 15 家出版社退稿，但他却从来没
有放弃过自己的理念，并持之以恒地坚持下去。作为中层管理者，
当老板下达指示时，也要毫不犹豫地答应下来，并认真执行，才会
使企业的执行力度更强。

以前在美国标准石油公司里，阿基勃特只是一位小职员。无论
他到哪儿住旅馆时，总在自己签名下方写上"每桶四美元的标准石
油"的字样。在书信及收据上也不会例外，只要签名，他就一定会
写上那几个字，所以同事们会称他为"每桶四美元"，并以此将他的
真名替代。

当公司董事长洛克菲勒知道这件事后说："竟有职员如此努力地
宣扬公司声誉，我要见见他。"于是他邀请阿基勃特共进晚餐，后来
当洛克菲勒卸任后，阿基勃特成为该公司第二任董事长。

看似很细微的一件事，每个人都能做到，但却只有阿基勃特一
人认真地做了，并且坚定不移地、乐此不疲地做。相信那些嘲笑过
他的人也有不少颇有能力和才华，而最终坐上董事长宝座的，只是
这个以前曾不起眼的小职员。所以对于管理者来说，对最高领导者
的指示执行的力度，也决定着你是否能在管理的生涯中走得更远，
那么该如何去做呢？

第一，要从战略思维上转变。从刚开始听话做事变为参与决策者，要提供一些好的建议，并要很好地去执行。当老板的决策下来，一定要做个很好的执行者，否则你就失去自己的价值。一个优秀的中层管理者能在各种情况下都能以巧妙的方式推动老板的管理决策。

第二，要从管理的角度上转变。走出当初只管生产要素，要从包装、采购原材料等基本生产要素中脱离出来，升到更高的管理层次，并要着手创立看不见、摸不着的品牌。

第三，完善企业授权与控制机制。"有本事的人不可靠，可靠的人没本事"，对于管理者来说，这是常常面对的问题。之所以出现这样的问题，除了企业外部原因外，企业内部管理机制与制度不完善是最根本的原因。企业中层管理人员，要对自己的权限不断完善，驾驭好自己的下属，不要"事事向老板请示"。同时要建立目标计划与控制核算体系，运用现代信息技术实时掌握整体行业的运行，随时掌控企业各个环节的运行状况。

中层管理者必须围绕企业的运作流程、战略规划、人员配置、管理模式，对领导的战略意图努力领会，积极构建企业的执行文化，在精雕细琢、静心屏气中，抛弃一切感性的狂热，转向冷静的理性思考。通过计划、执行、检验、修正、再计划、再执行、再检验、再修正的良性循环，主动承担起协调、监督、指导、控制、考核和持续改进的责任，激励部门成员创造性地开展工作。

逆向思维提升团队创新能力

逆向思维是与正向思维相对而言的，又被称为反向思维，或者通俗地说是颠倒思维。逆向思维是从与正向思维的时间顺序、事物与认识发展的自然进程的相反或对立方向进行非常规的思维。只要逆向思维运用得当，往往会产生意想不到的创新。

管理者要善于用反向思维、逆向思维。自古至今，都有"变则通"的说法，要想在复杂多变、诡秘高深的竞争中取胜，必须以变应变，甚至以逆向思维反其道而行之，出其不意，攻其不备。

美国的派克钢笔是世界名牌，在20世纪40年代达到鼎盛期。后来，出现了简易轻便、价格低廉而颇受欢迎的圆珠笔，便使派克笔的销售市场受到很大的冲击，并面临着破产倒闭的严重危机。派克也想出种种办法使销售成本和销售价格降低，但仍然不能与圆珠笔竞争。

在这种情况下，派克公司的欧洲主管马科利认为，这不是以己之长、攻彼之短，而且以己之短、攻彼之长，这样的竞争根本没有出路。后来他买下派克公司，采用"倒过来干"的做法，不再继续降低销售成本与销售价格，而是重新投入大量资金，添置新的生产设备，提高原来的质量，改进生产工艺，生产出新的派克笔。它们不仅使书写更加流畅，而且更耐磨、更经用。尤其是它们的外观更精美，具有一种特别高雅华贵的气质；并且公司对它们产量也严加控制，销售价格不是降低，而是一提再提。

他的这种"倒行逆施"做法的目的，就是要使派克笔不再是大众文化的一般文化用品，而是显示较高的社会地位和身份的象征物。为了进一步树立派克笔的这种新形象，除了通过各种媒体大力宣传外，派克公司还争取到英国女王伊丽莎白将派克笔作为英国皇家的御用笔，使派克笔的身价大大提高。所以，派克笔价格虽然十分昂贵，但销路却越来越好。

派克笔渐渐地由原来大众化的书写工具，变为社会地位与身体的象征物，是一种事物功用上的颠倒。这正是因为马科利利用逆向思维进行"倒行逆施"，给派克笔重新定位，从而大获成功。

派克笔的成功就是因为其管理者利用逆向思维，进行"倒行逆施"。"逆向思维"在企业的创新中都会给人们意想不到的惊喜，管理者应该知道如何运用逆向思维，让企业在激烈的市场竞争中取得更大的成绩。逆向思维运用得好，可以使企业创新的思维模式成为推动企业发展强大的动力。

20世纪80年代中期，在美国，日本五十铃汽车公司推出一则轰动一时的电视广告。由滑稽艺人大卫·里特饰演一名叫"五十铃约瑟"的"吹牛皮大王"。镜头一，里特说："五十铃房车被汽车权威杂志评为汽车大王。"字幕打出一行醒目的字："他在说谎！"镜头二，里特说："五十铃房车最高时速可达300英里。"字幕打出一行醒目的字："他在说谎！"镜头三，里特说："五十铃房车经销商非富即贵，因此，他们把它贱卖，只售美金 9 美元整！"字幕打出："他在说谎！"镜头四，里特说："假如你明天来看看五十铃的话，你可得到一栋房子做赠品。"字幕打出："他在说谎！"镜头五，里特说："我绝对不会说谎，绝对不是吹牛的人。"字幕打出："他在说谎！"

这则广告推出后，产生强烈的轰动效果，不但让消费者一致认为不错，并使五十铃取得在美国销售前所未有的成绩。

这则广告为什么能收到如此意想不到的效果呢？其策划者就是运用了正向和逆向的思维模式一唱一和的形式，来进行广告推广。因为大家都知道，大卫·里特是一位滑稽演员，其饰演的"吹牛皮大王"人人皆知，他的话当然是无稽之谈，当他在为五十铃在吹牛时，五十铃却在一边澄清。这不但不会引起消费者的逆反心理，反而使公司品牌的知名度提高。这不得不说是一种很高明的手段，于是就收到了意想不到的效果。作为管理者，如何才能提高自己的逆向思维呢？

第一，要认清逆向思维的本质。这并不意味着人们在思考时不受限制地胡思乱想，而是训练一种小概率思维模式，在思维活动中关注小概率可能性的思维。它是发现问题、分析问题和解决问题的重要手段，能很好地克服思维定式的局限性，是决策思维的重要方式。作为一种突破常规思维的新思维方式，尽管它是从反面思考问题的，其哲学基础是对立统一规律，但也必须要建立在客观基础上，不能违背常理，反常应该合道。

第二，管理者在运用逆向思维时，应该努力防止点性思维。点性思维是从一个极端走向另一个极端的思维方法，是一种形而上学的思维，它不但使创新的观念和方法无法产生，而且还会使创造性思维的发挥受到阻碍，所以应该坚决拒绝点性思维。

纵向考虑时，就会有新的方式、新的促销方法、新的渠道、新的价格体系、新的概念产生，从而对消费者产生较大的吸引力。所以，当企业在进行逆向思维时，必须要在市场层面及营销组合层面进行思考，以便从使用场合、消费目标群体、时间、价格、渠道、促销、营销组合方式等方面创新。这样对于消费者和企业来说，不仅可以得到一种新鲜的体验，还能使品牌的美誉度得到大幅度的提升。

第十章
你要会"升级":从团队管理者变身公司领导者

企业的竞争力,归根到底就是学习力、创新力和影响力的竞争,要通过学习增强企业的核心竞争力。管理者要善于发现问题,知道如何让员工实现个人价值,懂得管理时间,拓展自己的交际平台。

企业要通过学习力增强核心竞争力

在知识经济社会形态下，企业的竞争已经发生质的变化，各种竞争形态，尤其是人才的竞争，最终都应归结为"学习力"的竞争。无论企业的管理创新、技术创新，还是企业的全面质量管理和财务系统控制，或是业务的流程重组以及对外合资合作，都在日新月异地变化着。

对于企业来说，唯一持久的竞争优势就是具备比竞争对手更强的"学习力"，所以企业要维护自己的终端竞争之源"学习力"。由于经营事业日益复杂，管理者需要掌握的知识越来越多，最低的限度也要有身怀一技，只有知识越来越多，才能获得更多的经验，在企业管理中所设想的问题也会越来越多。由于管理者的视野开阔、思路全面，决断正确，具有不断上进的雄心壮志，就会使企业处于良好的发展趋势中。

山国饮艺是国内茶业特许连锁经营的领先者，它已成功被全国300多个城市的400多家特许经营连锁分店复制，获得广泛的品牌认知度，品牌的知名度也越来越深入人心。

在山国饮艺看来，要做成一家百年茶企、民族品牌，应该打造一个属于企业的核心竞争力。山国饮艺立志打造"学习型企业"，传承"以人为本，追求卓越"的经营理念。通过学习提升主管与员工的技能与素质，追求服务、产品、品牌、连锁等方面的卓越，从而打造"中国最受尊敬的茶业品牌"的远大愿景。

山国饮艺每年要花超过百万的费用在培训上。为了使员工的素质和技能提升，不断创新课堂形式和授课内容。如定期拓展训练、聘外训师、月度培训，并且把部门培训、个人培训融入公司考核中。以此达到充分发挥员工自主能动性的目的，并在此基础上建立起一种符合人性、有机的、能持续发展的组织。

有关专家对山国饮艺积极打造学型组织的努力给予较高的评价，称山国饮艺将公司各部门的培训工作纳入统一培训管理体系，真正做到了资源共享，选拔和培养优秀的员工，初步构建企业培训系统和完整的培训课程体系，为广大员工职业提升做好知识、打通等方面的储备。这是一种健康的、可支撑企业长久发展的内生动力。

通过学习力，山国饮艺不断使企业员工的素质与技能得以提高，并改变其思维、拓宽其眼界，增进原动力，解决企业发展思路出现瓶颈的问题。

对于一个企业来说，学习力就是增强企业核心力的直接动力，山国饮艺深明此义，所以就用心打造"学习型核心企业"，使企业不断地做大、做强，让企业的品牌深入人心。

学习不管对于个人还是对企业来说，都是十分重要的。一个企业的"学习力"将会决定着它向前发展的活力，所以充满学习力的企业总是充满着勃勃生机，有着无限的希望。如何才能打造一个学习型的企业呢？

第一，建设学习型企业要切实贯彻四项原则，即全员参与原则、创新发展原则、注重反馈原则和互动激励原则。

第二，学习内容要注意"全"、"新"、"专"。所谓"全"，就是不仅要学技术，而且要学文化、学理论；所谓"新"，就是内容安排要与时俱进，适时更新；所谓"专"，主是从企业员工的实际需要出发，注意专业实效性和对口。

第三，用心构建实实在在的学习载体。建设学习型企业必须要有实实在在的载体，以吸引员工广泛参与，继而不断增强该项工作的实效性、群众性、吸引力和感召力。学习型企业的载体应该是多层次的，并且有着宽广的领域。

第四，要创造好的奖赏机制。学习型企业要把员工的"学习力"与干部任免、绩效薪酬考核、评先奖优、职称评定挂钩，对于学有所长的员工要给予优惠政策扶持。对于中层干部要实行竞聘上岗的动态管理。每年的民主评议管理层时，要把学习情况作为重要的条件之一。定期开展技术比赛等活动，评选各种荣誉员工，形成宜人发展、激励成长的良好人文环境。

企业的竞争力，归根到底就是学习力、创新力和影响力的竞争。在市场竞争的日益激烈程度下，企业要适应充满变数的市场竞争，并获得生存和发展。企业要保持旺盛的活力，就要坚持不懈地学习，建立学习机制，完善学习策略，创建学习型企业。通过不断提高企

业的学习力、创新力和市场竞争力，让企业在竞争激烈的市场中游
刃有余地阔步行走。

一个优秀的管理者是懂得管理时间的人

　　时间管理是每个管理人员必须掌握的重要技能。对于企业来说，
它是一种非常重要的管理方式。如果管理不好时间，就会因为某个
人或某个部门工作拖延而影响到其他人员或工作部门的进度，严重
的可能导致某个项目或计划的溃败。

　　一个卓有成效的管理者并不是一开始就着手工作，他们往往会
从时间安排上着手，却不是从计划入手，他们首先会考虑到自己的
时间该如何去使用，然后再试图重新安排自己的时间，将那些花时
间而又不产生价值的工作削减掉，然后再将自己可以支配的断断续
续的时间汇合成一个可以持续的时间单元。对于一个卓有成效的管
理者来说，他们知道时间是一个限制因素，任何流程的输出量都会
受到最紧缺资源的制约，所以，如何管理好时间就成为提高管效率
的最关键因素。

　　张天在上班的路途中，信誓旦旦地下决心，一到办公室就着手
草拟下年度的部门预算。他虽然9点准时走进办公室，但并没有立
刻开始草拟预算工作。因为他突然想到，不如先将办公桌及办公室

整理一下，以便在重要的工作开展之前为自己提供一个干净与舒适的环境。

经过 30 分钟的整理，他让办公环境变得有条不紊。感觉有些得意的他随手点了一支香烟，稍作休息。此时他无意中发现报纸上的彩图照片是自己喜欢的一位明星，于是又情不自禁地拿起报纸来。等他把报纸放回报架，时间又过去 10 分钟。

这时他略感不自在，感觉自己食言了。但觉得报纸是精神食粮，也是重要的沟通媒体，作为部门主管的他怎么能不看报？何况上午不看，下午或晚上一样也要看。这样为自己一开脱，他也就放宽心了，于是就看了会儿报纸。看完报纸后，他本来打算工作，却没想到电话响了，一位顾客打来投诉电话，他连解释加赔罪花了 20 分钟时间才将对方说服，使对方平息了怒气。挂了电话，他去了趟洗手间。

在回办公室的途中，他闻到咖啡的香味，原来部门的同事正在享受"上午茶"，他们邀请他加入。他心里想，刚费心思处理了投诉电话，一时也进入不了状态，而且草拟部门的预算是一件颇费心思的工作，若没有清醒的头脑，完成会很困难。于是他就毫不犹豫地应邀加入，并在那里前言不搭后语地聊了一阵。回到办公室后，他果然感到神采奕奕，满以为可以开始正式工作了，可是一看表，竟已经 10：45！距离 11 点的部门例会只剩下 15 分钟。他想反正在这么短的时间内也不太适合做比较庞大耗时的工作，还是把草拟的工作留到明天算了。

这个部门管理者不懂得时间的重要性，虽然他在意念中曾信誓旦旦地想着要做好自己的部门预算，但到了关键时候，他突然转变了观念，为自己先创造一个好的工作环境。其实这一步他走得还不算错，但接下来的事，他就有些太纵容自己，将大好的时间白白浪费掉，而把重要的工作扔到一边。如果明天再有这样的情况，就会把事情推到后天，然后就一直推下去，当然就会影响到正常的工作，他也不会做好这个部门的管理者。作为管理者，如何才能科学地利用好时间呢？

第一，要将实际使用的时间情况做下记录，并且要真实。必须要把事情发生的确切时间记录下来，不能事后凭记忆来追记。通过反复练习，就会使自己变得能有效地使用时间了，在反复不断地做出努力管好自己的时间同时，工作效率也会提高。

第二，要对时间进行有序的管理。要理出哪些活动不产生效果，是在浪费时间，并尽可能将这些活动从时间表排除出去。利用一切可利用的时间，将所需要做的事情罗列出来，对每件事情的起始时间与完成时间做充分考虑，确定做事的先后次序，以及在以后的工作过程中会遇到什么样的问题，都要做到心里有数。

第三，要考虑到工作的轻重缓急。对于每个人来说，时间都是公平的，但在相同的时间内，却有着不同的效率。要追求在同样的时间内实现最大化的效能，按照"紧急"与"重要"这两个要素对各项事情进行区分，使时间的安排与自己的人生规划挂钩，寻求多方面的平衡。

第四，要掌握好合理工作的节奏。时间管理的最终目的是为了提高工作效率，所以，把握好合理的工作节奏就是提高工作效率的前提。管理人员要有良好的自我认知态度，对自己的工作状态认真观察，消除在工作中的压力，形成一个紧张而又有序的工作状态。

与其说管理时间是一种技巧，倒不如说是一种修行，一种挑战自己、战胜自己的修行。时间安排得不好，战胜不了自己，这样的管理者即便取得不错的成绩，也不会有太大的发展。

时间管理就是对金钱、效益的管理，彼得·德鲁克曾说过："不能管理好时间的人，就不能管理一切。"作为企业的管理人员，要做到有效地应用时间这个资源，成为管理时间的高手，以达到个人发展的目标，以高效率来管理好自己的企业，从而为企业带来更大的价值。

好的制度吸引人，差的制度赶走人

对于员工而言企业不仅是一个舞台，也是一个竞技场。它需要有一定的规则，有了这些规则，合理、公正、公平、透明地吸引人才，使得企业人才聚集，人人发挥各自的才能。因此说，要想吸引或留住人才，就需要企业建立一个良好的企业制度。

好的管理制度能给企业员工所需要的，为员工提供发展所需要的资源，以达到共赢。所以，企业有个好的制度是企业留住人、吸人的基础。

作为世界上最大的人才吸引国美国，每年发放的特殊人才工作签证达到85000张。另外，美国每年还发放人才移民签证14万张，以加大对海外高层人才的吸引。根据美国众议院2011年11月的一项吸引高学历移民的法案，将在2015年完全取消职业移民的国家配额上限。美国正在给面向研究人员和高校研究生的签证发放过程提速，以免人才转赴他国。不管是移民新政还是议案提案，其宗旨就是留住更多世界各国的优秀高科技精英，使其为美国的科技发展做贡献。

除了美国，2012年，加拿大增加1万个联邦技术移民名额，经验类移民额由2011年的6500名计划增加至2012年的7000名左右。目前加拿大科技部还将通过"联邦技术劳动计划"，每年允许1000名在加拿大深造的外籍博士生申请加拿大永久居民身份。

目前，世界上许多国家都从制度上制定好的政策来吸引人才，对于企业来说，制定一个好的制度吸引人才更为重要。对于企业来说没有人才就等于没有血液，而制度就好比是企业的骨架，只有骨架结构良好，一切才能正常运转。

1984年12月26日，张瑞敏刚到海尔时，员工们的素质低下，有的员工甚至会在车间里大小便。张瑞敏于是下决心进行整顿。张瑞敏根据当时存在的问题，废掉原来的制度，制定了对海尔具有里程碑意义的十三条，奠定了海尔腾飞的基础。

这十三条最重要的一条是"不准在车间里大小便"。还有"不准迟到早退"、"车间内不准吸烟，违者一个烟头罚 500 元"、"不准在工作时间喝酒"，另外一条让大家的印象非常深刻，就是"不准哄抢工厂物资"。在这 13 条禁令颁布后，效果还是很明显的。车间里没有了大便的情况，但还是有人在车间里小便，随拿公共财物的现象也普遍地存在。

张瑞敏就问干部如何防止这种现象，很多人的观点是把门锁起来。而张瑞敏却让干部把这条布告贴在车间大门上，并公布违规后的处理办法。他们把门窗全部大开着，布置人在周围观察是否还有人去拿东西。却没想到第二天上午就有人大摇大摆地走进车间扛走一箱东西，张瑞敏紧接着就让干部贴出公告，将这个人开除，给大家留下一个新领导较真儿的印象。

海尔的故事告诉人们，制度必须来自于问题，哪儿有问题，制度就出现于哪里，必须要让制度与利益挂钩，检查制度的执行情况必须要有力度。如果制度的执行力不强，就会使企业无法可依。对于没用的制度，应该及早地废止。企业如何才能建立良好的制度呢？

第一，制度要切合实际，要制定公平、公正的制度。制度主要是为了培养员工的自治能力，形成一种文化、一种氛围、一种精神，最终促进企业的发展。

第二，制度建设要真正从人出发，只有真正关心人、了解人、体贴人，才能制订出行之有效的制度。制度是用来控制人的行为的，但控制并不是约束，控制除了必要的限制外，还有很多含义。如果仅将制度简单地理解为约束人的行为，是不正确的。在设计制度时，必须包括制度检查者、执行者和被约束的对象。

第三，要从人的心理和趋利避害的本能来制约人的弱点。很多制度失败的关键就在于，虽然人性中的某些弱点受到制约，但人性中的某些缺陷却在制度中得到放大，最后造成一种所谓的"上有政策，下有对策"的现象。所以，制度建设必须要考虑现有员工的素质水平。

第四，制度建设必须具备可行性，并与激励机制挂钩。制度建设必须具备可行性，要按照企业的实际情况进行制定，以保护绝大多数员工的利益。激励是不可缺少的，激励幅度越大，制度执行效果越明显，但过大的激励幅度也会容易引起员工的反感。

第五，制度的建设要稳中求进，不断地进行创新。制度建设中的一点缺陷也会导致整个制度失效。制度建设要求稳，稳中要快，同时制度建设要逐步完善，从企业当前存在的重点问题入手，从当前马上需要解决的问题入手，不时地对工作中出现的问题进行检查，使制度的整个建设与企业的文化不断创新。

在竞争激烈的现代社会背景下，企业在选择人才的同时，人才同样也选择着企业。在这个双向选择的过程中，如果企业想提高竞争力，就要从源头上比别人具有优势。企业的优势在于如何吸引优秀的人才，只有良好的制度才能吸引更多的人才，为企业源源不断地注入新鲜血液。

发现问题的能力远比解决问题的能力更重要

在企业的运行中，问题的存在是一种常态。这就要求管理者一定要用心，善于从平常中发现不寻常，找到问题所在。这是管理者的基本功，也是成为管理者的基本条件。所以，在管理的过程中，应该具有敏感的嗅觉，并要关注事物发展过程中的细节，找到一般人看不见的问题，发现问题就等于使问题解决了一半。

一个成功的管理者，不仅需要优秀的业绩，还必须具备发现问题和处理问题的能力。发现问题的目的并不是要给员工寻找麻烦，或是给自己找到推卸责任的借口，而是想办法使问题不再重复产生，寻找到彻底解决问题的办法。管理者有时也应发动员工引导大家开动脑筋，想出解决问题的办法，让大家在思想上认识到问题的危害性，从而引起警惕。管理者还要以大家认可的方法增强执行的力度，使好的想法植入员工的大脑中。

1981年，在杰克·韦尔奇接手通用电气时，它已经是一个烂摊子了。350家企业，40万员工，经营着从电机、照明、信息服务到银行、家电、广播公司在内，几乎无所不包。内部机构重叠，亏损严重，官僚气息浓厚，可谓患上典型的"大企业病"。

在这种状况下，杰克·韦尔奇不但没有逃避，而是用正面的思维模式，施行三大战略："无边界组织战略"、"数一数侗战略"和"六希格玛战略"。通过"数一数侗战略"出售了 110 亿美金的低效部门，解雇了 17 万员工，通过"六希格玛战略"，削减公司运营中每一个工序的缺陷和不足，建立企业的规范；通过"无边界组织战略"把九到十一层的组织结构削减到四到五层，有效地遏制了官僚主义。

一个成功的管理者要善于发现问题，才能从根本上去解决问题。杰克·韦尔奇正是发现了企业中存在的各种问题，进而制定三大战略，使问题从根本上得到解决，确保公司的稳健发展。对于一个管理者来说，一定要具有发现问题的眼光。

一个美国人和一个英国人共同去非洲部落推销皮鞋。一般来说，美国人比较有开拓、创新的意识，而英国人比较保守些。当英国皮鞋推销商来到非洲部落，看到人人光着脚，马上就给总部发了一个电报说，这里没有一点商机。而美国皮鞋推销商很有开拓的头脑，当他看到同样的现象时，对总部说，这里的生意好得不得了。

美国推销商认为，如果每人买一双，市场会很大。后来经过思考他设计了一个方案，希望总部先送 100 双礼品鞋过来。这 100 双鞋分成三部分，第一部分送给有权有势的当官人，第二部分送给有钱有势的老板，第三部分送给有识之士、专家教授。

他的这个策略取得很明显的成效。当官的厅长穿上皮鞋，感觉很舒服，有钱的处长、科长就想买；教授穿皮鞋很有派头，有钱的学生就可能会买。通过引导消费，培养消费者的消费观念，使市场慢慢地创造出来。不用想也能知道，这位美国推销商获得了多大的利润。

　　思维的不同，总会导致人有着不同的观念。而只有敏锐地去发现问题，才能在问题中找到商机，进而再找到成功的方案。这不但会使问题得到解决，而且还能取得预期无法预料的效果，想不成功都难。作为企业的管理者，如何才能及时地发现问题呢？

　　第一，眼里要有问题。管理者要善于观察事物，善于发现问题并及时跟进。要做到眼中有事、眼中有物、眼中有活、眼中有人，随时发现管理中存在的问题，并要想着下一步如何将问题解决。眼里有问题也是经验的积累和对专业、业务熟悉的表现。同时，在管理实践中要看到自己的不足，对每一次疏漏或过失要足够重视，从失败、困难中去总结，这样做的话，任何问题都可以迎刃而解。

　　第二，脑子里思考问题。管理人员解决问题的法宝就是用心思考、用脑做事，善于思考问题，对未来善于谋划，善于判断分析。要勤动脑，多当参谋，多出主意，对内善于管理，对外善于协调；要善于学习，捕捉变化的市场信息，学习文化知识，提高个人素质，提高对市场的敏感度，并要当机立断。

　　第三，要动手解决问题。管理者必须要有雷厉风行的工作作风，克服拖泥带水、互相推诿、不讲实效的作风，摈弃懒惰思想，处理问题要果断、干练、行动迅速，做到手勤、腿勤。解决问题讲求实效，切忌人浮于事。

　　第四，要善于听取员工的意见。企业内部要营造一种"人微言不轻"的文化氛围。处在第一线的员工，不但能最早发现问题，而且看到的问题也最多，也能最快地反映问题，因此更有发言权。企业管理应对他们提出的意见、建议和批评认真倾听，建立一个对话、"听话"的平台。

在企业出现问题时并不可怕，可怕的是发现不了问题，还有那些因为害怕问题而采取回避是最可怕的。只有发现问题并及时改进工作流程，才能使企业不断地进步。管理者也只有在这一过程中才能不断锻炼和成长，实现自我的价值。

让员工实现个人价值，让公司获取剩余价值

对于企业的运行来说，企业和员工的原始出发点都是实现自身利益的最大化。而双方利益的来源应该是企业和员工共同创造的价值，在这个合作关系中，首先要使员工实现个人价值，然后才会使公司获取更多的剩余价值。

这一过程应该是企业和员工的双赢：员工在自身创造条件有限的情况下，通过借助企业平台，以更好地实现个人的人生价值；而企业也会随着员工素质和贡献的不断提高而向前发展。

在我们熟悉的三国故事里，诸葛亮辅佐刘备成就了蜀国大业，他不但被其三顾茅庐的诚意所感动，而且也是他对时局分析做出选择明主的结果。论实力、论势力，刘备绝不能和北方的刘表、二袁相提并论，更不用说曹操和孙权了。

刘备却能给予诸葛亮莫大的尊重和信任，为他创造一个"政通人和"的环境。这样的环境为诸葛亮提供了施展才华的舞台，方能使他大显身手。赤壁一役奠定三国鼎立的局面；曹操殁后，在诸葛亮的辅助下，刘备建立了蜀汉政权，而诸葛亮也实现他修身、治国、平天下的人生价值。

从刘备与诸葛亮的关系来看，诸葛亮选择刘备是正确的。如果当初他选择曹操，相信多疑、自负的曹操是不可能为他提供太多的信任和机会的。或许历史上也不会存在三国鼎立的局面。企业管理者如何才能让员工实现个人价值呢？

第一，要让员工学会自我激励。曾有人提出这样的观点："激励员工不再是经理一个人的责任，你必须让员工与你一起迎接挑战，让他们分担起激励自己的责任。"优厚薪酬等物质方面的激励方法，只能用来留住员工，在短期内提高员工的积极性和效率，而真正的激励方法是管理者如何教会员工自我激励。

第二，帮助员工了解自己工作的价值。不管是处于管理岗位、技术岗位还是行政后勤岗位，都存在独特的价值。企业管理者要让员工对自己工作岗位的具体职责及性质有所认识，从而对工作的意义有所认识。当对岗位的职责及性质明确后，才能使员工对自己工作的社会价值有所了解，从而更加努力、积极地去工作，并不断地对自己进行挑战。

第三，要让员工明确自己在全局工作中的角色。赫兹伯格曾说："你要人们努力工作，就得给他们一个好的工作做。"所以管理者不

但要让员工对自己的工作有所了解，而且还要让他看到全局。来自
外部的积极看法和对自身的正确认识还能让员工更具有积极性和创
新性。不管在工作中存在什么问题，只要能够使员工的思想转换，
问题的解决也会变得比较容易。

　　第四，推动公司内部的改革。在现实中，往往会存这样的误区，
人力资源管理者会费力改变一个人，却没有认识到公司本身存在的问
题。企业可以利用员工内在的欲望，促使他们提高生产效率，减少公司
内不利于激励机制的消极因素，充分调动员工的本能以实现自我激励。

　　公司需要有能力的、忠诚的员工，只有这样，公司才能生存和
发展，业务才能进行，而员工必须要靠公司的平台才能使自己的聪
明才智得到发挥，实现个人的价值和理想。对于企业来说，应该建
立一种超越雇佣，相互信任、相互依存、相互忠诚的伙伴关系。"上
下同欲，士可为之死，为之生"，它给企业带来的将是发展，带给员
工的是成功，并有助于双方更好地共创未来。

为客户提供优质的服务

　　企业在营销中错误的策略就是没有把客户服务放在第一位，使得服
务部门没有受到足够的重视，认为销售是最重要的。但事实上，服务的
意义远远大于销售的意义。美国斯坦林电讯中心董事长大卫·斯坦博格

说："经营企业最便宜的方式就是为客户提供最优质的服务，而客户的推荐会给企业带来更多的客户，在这一点上企业根本不用花一分钱。"

但客户服务不是短期的，而是长远的，明智的企业知道树立起良好的口碑对本企业的意义。能够给企业带来更多的客户靠的是口碑，而不是专靠广告做出来的，是通过人与人之间、客户与客户之间的信息传递带来的。它不但让企业以最低的成本获取最大的价值，也能让企业品牌树立起来。

希尔顿是五星级的大酒店，在一个礼拜天黄昏时分，酒店来了一对老夫妇，他们拎了一个皮箱，一进门就问："你们这里还有没有房间啊？"柜台内的工作人员答复："啊呀，真抱歉，没有房间。今天是周末，如果你早点定就好了。不过，我们这儿附近还有一些不错的酒店，要不要我帮你试试，看有没有房间？"

老先生说："那好。"柜台内的工作人员先是掏出一个卡片，签了个字，说："给您，这个是免费的咖啡券，您二位到大厅吧坐一下，免费喝两杯咖啡，我现在帮你查附近的酒店。"

那对夫妇在大堂吧喝咖啡时，旁边的客人就问他："先生，刚才你们讲的话我都听到了，为什么您不事先订个房间呢？希尔顿是有名的酒店，所以房间很紧俏。"老先生说："我儿子昨天打电话给我，叫我马上过来，所以没有来得及订房间！"

就在这时，柜台服务员来了，她高兴地说："好消息，后面那条街的喜来登还有一个房间，等级跟我们的酒店是一样的，并且便宜20美元，请问您需要吗？"老先生坐在那里说："好的。要！""行，那您先慢慢喝，我会叫他们等你。"而那个老先生和老太太马上一口喝完，站起来拎着箱子，跟着服务生出去。喜来登的车子到了。老先生们和老太太上了车子，临走时说："下次再来，我一定要住希尔顿。"

对于一家公司来说，只有为客户提供优质的服务，才能更好地赢得客户。希尔顿不仅把客户"推出去"，而且还推给自己的竞争对手，但并没因此而失去客户，而是让客户发出"下次再来，我一定要住希尔顿"的心声。

海尔的服务理念是"用户永远是对的"。1998 年夏天，海尔集团空调售后服务部接到顾客电话：青岛的一位老太太买了海尔的一台空调，买回后不长时间，就打电话说空调有点问题。维修师去看了看，说空调没问题，让她尽管放心用。

又过了几天，老太太又一个电话打来，说空调又出现了问题。小伙子第二次上门服务，还是没有看出问题。老人已经 60 多岁，对新东西就是不太放心，特别敏感。过了几天，老太太又打电话说，空调就是有点问题。

1998 年夏天，海尔一天卖出空调超过一万台，售后维修人员忙得不得了。在这种情况下，维修师第三次上门服务，看空调确实没有什么问题。事后，这位维修理师说："从第三次上门服务回来以后，我上班第一件事就是给老太太打电话，问问空调有没有问题。当第一天打电话时，老太太还吞吞吐吐地说：'空调吗？没、没什么问题吧？'当打到第三天时，老太太非常感动地说：'空调没问题，空调没问题，不用再来电话了，不用再来电话了。'"维修人员用自己的真诚赢得了老太太的信任。

海尔对售后服务的重视，在整个家电行业中是人人皆知的。正因为售后服务做得好，海尔赢得了良好的口碑，使企业品牌知名度越来越高，这也是海尔成功的重要条件之一。对企业来说，如何才能让拥有更多的优质客户？

第一，不要迷信价格竞争。可能在某些时候价格是吸引客户的有效手段，但它无法长期留住客户。在激烈的竞争中，价格虽然是一种有力的武器，但仅仅依靠价格武器，企业无论如何都将难以长远发展下去。

第二，为客户提供多渠道优质服务。客户并非一个简单的销售对象，同时也是服务对象，他们如果得到一些额外的东西，他们会觉得有收获、受欢迎，在与企业做生意时变得愉快。企业要礼貌、及时、专业地与客户打交道，听取他们的意见，努力满足客户，甚至超越他们提出的需要。

第三，打消客户的疑虑。客户的忠诚度是逐渐积累起来的，在与企业初次打交道时，客户总是怀着疑虑心态，但只要企业能够打消客户的这种疑虑，让客户确信他的选择是正确无误的，就能使其成为企业的忠诚客户。

对于企业来说，客户是生存与发展之本，满足客户的需求是企业成功的关键。为客户提供更多具有高附加价值的产品与更多的增值服务，在客户感觉到你的诚意时，就会不断地重复成交，也就成为忠诚于你的客户。